SARTRE

Livro da mesma autora pela L&PM Editores

Sartre 1905-1980 (L&PM, 1986)

Annie Cohen-Solal

SARTRE

Tradução de Paulo Neves

www.lpm.com.br

L&PM POCKET

Coleção **L&PM** Pocket, vol. 457

Primeira edição na Coleção **L&PM** POCKET: julho de 2005
Esta reimpressão: julho de 2007

Título do original: *Jean-Paul Sartre*

Tradução: Paulo Neves
Revisão: Jó Saldanha e Bianca Pasqualini
Capa: Ivan Pinheiro Machado sobre foto de Bruno Barbey / Magnum Photos
Foto da capa: © Bruno Barbey / Magnum Photos (Jean-Paul Sartre, Simone de Beauvoir e outros intelectuais dão entrevista coletiva na sede de *La cause du peuple*, para protestar contra a censura imposta ao jornal pelo governo francês. Sartre, editor-chefe da publicação, e outros colaboradores saeam às ruas para vender exemplares do jornal. 16 de outubro de 1970.)

ISBN 978-85-254-1443-4

C678j	Cohen-Solal, Annie
	    Jean-Paul Sartre/ Annie Cohen-Solal; tradução de Paulo Neves -- Porto Alegre: L&PM, 2007.
	    154 p.; 18 cm. (Coleção L&PM Pocket)
	
	    1.Sartre, Jean-Paul- crítica literária. I.título. II.série.
	
	                        CDU 821.133.1(Sartre).09

Catalogação elaborada por Izabel A. Merlo, CRB 10/329.

© Presses Universitaires de France

Todos os direitos desta edição reservados à L&PM Editores
Porto Alegre: Rua Comendador Coruja 314, loja 9 – 90220-180
                Floresta - RS / Fone: 51.3225.5777
Pedidos & Depto. Comercial: vendas@lpm.com.br
Fale conosco: info@lpm.com.br
www.lpm.com.br

Impresso no Brasil
Inverno de 2007

SUMÁRIO

Capítulo I – Thiviers, Montreal e Brasília: acertos de contas na França, referência obrigatória no estrangeiro / 9

Capítulo II – Por uma abordagem global do empreendimento sartriano / 16

Capítulo III – Gênese de *O idiota*, ou o imaginário como determinação cardinal / 22

Capítulo IV – Curva de uma produção atípica / 27

Capítulo V – A Alsácia e o Périgord, ou a rejeição do arcaico / 37

Capítulo VI – A onipotência da ferramenta filosófica / 45

Capítulo VII – O herdeiro subversivo / 51

Capítulo VIII – Exploração das margens e das culturas estrangeiras, a crise dos anos 1930 / 57

Capítulo IX – "A única maneira de aprender é contestar." Uma outra concepção de transmissão do saber / 67

Capítulo X – Pensar o moderno / 81

Capítulo XI – Os anos de guerra: nem traidor nem herói / 89

Capítulo XII – O hipo-staliniano / 97

Capítulo XIII – A guerra da Argélia e os começos do militante terceiro-mundista / 111

Capítulo XIV – Pensar o devir da cultura ocidental / 124

Capítulo XV – Elaboração de uma cultura alternativa / 130

Epílogo / 140

Referências biográficas / 145

Bibliografia / 149

Annie Cohen-Solal / 154

Quero agradecer a Christian Bachmann, Jacqueline Cohen-Solal, Jean Cronier e Juliette Simon, sem os quais este trabalho não teria sido possível.

CAPÍTULO I

Thiviers, Montreal e Brasília: acertos de contas na França, referência obrigatória no estrangeiro

Em 22 de junho de 2004, no grande anfiteatro da Universidade de Paris VIII, dois filósofos vindos do estrangeiro, Antanas Mockus e Cornel West, recebem seu diploma de doutor *honoris causa* das mãos do reitor Pierre Lunel. O primeiro, de nacionaliadde colombiana, é o ex-decano da universidade que se tornou prefeito de Bogotá; o outro, nascido nos Estados Unidos, onde leciona na Universidade de Princeton, é um dos pensadores mais carismáticos da comunidade afro-americana. Em seus discursos de agradecimento, ambos se referem a Sartre de maneira natural e necessária: Mockus, a partir da nova interdependência cultural; West, a partir da era póscolonial. Duas direções que Sartre havia esboçado e pensado antes de qualquer outro. Para esses dois filósofos, como para inúmeros intelectuais de todo o mundo, Sartre constitui uma referência cotidiana que eu qualificaria talvez, neste momento, de "bússola ética". O mesmo não acontece, porém, na França. Se escolhi abrir este livro por uma cena dessa ordem, é que me interroguei com freqüência sobre a estranha diferença na recepção da obra sartriana: há muito anatematizada na França, referência obrigatória no estrangeiro.

De fato, em 1980, foi a pedido de um editor

norte-americano que, alguns meses após a morte de Sartre, eu lancei-me no projeto de uma biografia que, na época, não entusiasmava muita gente na França. Sarcasmos, acertos de contas, silêncios constrangidos, mal-estar, tais eram as atitudes mais freqüentemente encontradas em relação a Sartre, como se não se soubesse muito bem se convinha evacuá-lo totalmente ou "substituí-lo". "Sartre acusado" foi o título de uma enquete do *Quotidien de Paris*, que consistia em interrogar uns quinze intelectuais e colocar-lhes a seguinte questão: "Quais são, na sua opinião, os dez erros políticos mais graves de Sartre?". E cada um fez sua lista: Sartre "havia se enganado" em Berlim em 1933, em Paris em 1944, em Moscou em 1954, em Cuba em 1960, em Boulogne-Billancourt [periferia parisiense] em 1970. E todos escarneciam do "mau Sartre", o que não havia reagido diante dos SS, o que permanecera em Paris em vez de juntar-se à resistência ativa no sul da França, o que escrevera que "a liberdade de imprensa é total na União Soviética", o que celebrara o regime castrista, ou ainda o que discursara, ridiculamente montado sobre um tonel, aos operários da fábrica Renault.

Mas o que, exatamente, era denominado "erro" em política? E o que se subentendia por "erro", senão a existência de uma verdade perene, última, platônica? Sartre jamais esteve encerrado num comentário único sobre o mundo. Ele se deslocou, alertou, indignou. Portanto, como era possível, em toda a boa-fé, arrogar-se o direito de bancar o censor retrospectivo para afinal conceder, diante dos avatares conhecidos, seus pontos bons? A que visava essa curiosa demanda, senão a um Sartre "bom", um Sartre infalível e despojado de seus erros? Por que esse furor de antropofagia tribal? A verdade em política parece-me igualmente corresponder a uma prática, idéia que Sartre constantemente defendeu. Não foi ele que, contra o consenso dos conformistas, exortava à busca pessoal, tentando escapar, apesar de tudo, ao papel de mestre de pensamento que haviam construído à sua volta? E era exatamente esse, então, o ponto sensível.

"Depois de Sartre, quem?", foi a manchete do *Le Matin de Paris*, antes de apresentar o retrato daquele que, entre os intelectuais franceses (Bourdieu, Derrida, Lévi-Strauss, Foucault, Debray, etc.), poderia desde então pretender ocupar o lugar vago de Sartre. Como se o poder simbólico que progressivamente Sartre havia conquistado ao longo de suas obras literárias, de seus artigos, de suas intervenções públicas, de suas tomadas de posição, de suas intuições, de seus engajamentos, de suas denúncias conjunturais ante os trágicos acontecimentos políticos que marcaram o século 20 (as guerras, o nazismo, o colaboracionismo, a tortura, o colonialismo, as discriminações raciais e outras) não fosse nada mais que uma espécie de cargo transmissível a seus pares. Por que, desde que Sartre morreu, seu fantasma continuava a atormentar o pensamento francês, reacendendo, a intervalos regulares, velhos debates aos quais continuavam a convidá-lo como a um jantar de figurões? E o que se buscava nesse duplo movimento que, ao mesmo tempo, o fustigava e o preservava?

Essa estranha órbita que se criou desde a morte de Sartre parecia-me um sinal muito patente de nossa incapacidade de ultrapassá-lo. Tive a intuição de que a onipotência do intelectual francês sobre a coisa política havia, com sua morte, irremediavelmente acabado e que todos aqueles debates eram apenas um sintoma disso. Com ele, haviam igualmente enterrado Voltaire, Hugo, Zola, indiscriminadamente. Que lugar Sartre havia então ocupado que não podia mais ser ocupado depois dele? Que poder Sartre havia dominado que não se podia mais recuperar? Por que não queriam admitir que, na irritação e nas críticas, era da nostalgia de um poder perdido que se tratava? Por que não buscavam compreender o quanto essa violência ocultava um mal profundo, uma dor maldefinida, mas persistente e inquieta, a da crise do intelectual-profeta e da emergência de novos carismas? Ao deslocar assim as indagações, achei que teríamos talvez uma chance de fecundar novamente a questão.

Por sua vez, a revista *Le Débat* organizou um dossiê-balanço: "Sartre, cinco anos depois", no qual se pedia a alguns filósofos para responder à pergunta: "O que temos em comum com Sartre, cinco anos depois de sua morte?". "Hoje ele é muito pouco citado", respondeu o primeiro, enquanto o segundo criticava-lhe uma "obstinação em fazer flertar a inteligência com a estupidez", para afirmar: "É um escritor que não me interessa...", e o terceiro admitia: "Já faz muitos anos que não abro um livro de Sartre". Em suma, cinco anos após sua morte, continuavam a embirrar com ele.

Tal era, portanto, a triste constatação dos intelectuais franceses nos anos seguintes à morte do filósofo – e que foram os da minha pesquisa. Por parte do grande público, a coisa era ainda pior. Em setembro de 1985, convidada a inaugurar uma placa em memória de Sartre na cidade de Thiviers, no Périgord, onde nascera seu pai, Jean-Baptiste, e onde ele próprio passou, em criança, vários períodos de férias, tive a surpresa de constatar que a hostilidade anti-sartriana não estava extinta: as pessoas entravam uma a uma no salão do conselho municipal para terem seus livros autografados, e saíam depressa. No caminho da estação, observei as cortinas fechadas, cada um em sua casa. "Não se homenageia um crápula como esse!", dissera, algumas horas antes, uma voz anônima por telefone.

Ao mesmo tempo, eu conduzia minha investigação, viajando, buscando testemunhas – e, na maioria das vezes, era o sentimento de reconhecimento e de dívida para com ele que me impressionava: nas Antilhas, por exemplo, onde tomei conhecimento do grande pesar suscitado por sua morte, o jornal crioulo martinicano *Grif an tè* dera esta manchete: "Sartre, *un mal nèg*", o que significa mais ou menos: "um grande sujeito", "uma personalidade excepcional", "um cara legal". Assim também, após a publicação de meu livro, a turnê que empreendi pelos países que o traduziram levou-me a constatar que o carisma de Sartre permanecia intacto, como se mantinha intacto o sentimento de dívida para com ele. Dois momentos-chave marcaram para mim esses quatro anos de turnê literária: o primeiro em Montreal, em novembro de 1985; o segundo em Brasília, em setembro de 1986. Alguns textos que escrevi após a publicação de minha biografia são interessantes de reler hoje:

"Montreal, quinta-feira, 14 de novembro de 1985.

"Ontem à noite, no restaurante, o escritor André Major deu-me uma primeira chave: 'Foi por causa de Sartre que fui expulso do colégio dos eudistas em 1955, e também por causa dele não pude entrar no colégio dos jesuítas: eu mencionava *Huis clos* [*Entre quatro paredes*] em meu diário íntimo...' Aqui, os testemunhos são abundantes quanto a Sartre, e que concordância! Posto no Índex pelo ensino confessional durante cerca de vinte anos, ele virou Lúcifer, o Anticristo, o Ateu. Ontem em Ottawa, hoje em Quebec, é um Sartre conservado em clorofórmio que reencontrei, como ele devia sê-lo em Paris uns vinte e cinco anos atrás. 'Para irritar os padres, conta o administrador do TNM [Théâtre du Nouveau-Monde], eu passeava com *La Mort dans l'âme* [*Com a morte na alma*] debaixo do braço!' Quanto a Alexis Klimoff, ele explica hoje: 'Meu curso sobre a filosofia sartriana por pouco não foi interditado pelo bispo de Trois-Rivières, em 1954: era como se eu quisesse falar de pornografia.'" Aqui, os intelectuais reconhecem ainda em Sartre um vigor que o torna essencial, o de um mito necessário, o de um pensamento de libertação.

A audiência que me foi concedida alguns meses depois pelo presidente Sarney, em Brasília, juntamente com seu ministro da Cultura, Celso Furtado, que, jovem estudante, acolhera Sartre em Recife por ocasião de sua memorável viagem ao Brasil no verão de 1960, queria ser ao mesmo tempo uma homenagem oficial e a expressão de uma dívida. Essa audiência presidencial de Brasília, assim como a acolhida em Montreal, foi para mim o irônico contraponto dos insultos proferidos na cidadezinha de Thiviers. Durante os quatro anos de turnê após a publicação de minha biografia, cada um dos escritores dos países que visitei insistia em mencionar, testemunhar e celebrar a obra sartriana: no Brasil, Jorge Amado; na Argentina, Ernesto Sábato; no Peru, Mario Vargas Llosa. Nos Estados Unidos, Arthur Miller, Susan Sontag e Edward Said; no Japão, Kenzaburo Oé; na Inglaterra, George Steiner e Salman Rushdie; em Israel, Amos Elon e David Grossman; na Polônia, Adam Michnik; na Alemanha, Hans Magnus Ensenzberger, Jürgen Habermas; na Suécia, Jan Myrdal; na Itália, Umberto Eco e Alberto Moravia. Houve, certamente, manifestações de desagrado da parte de alguns escritores da Europa oriental ou ainda dos países árabes. "Nos últimos tempos, sua devoção a Israel prevalecia sobre todo o resto", analisou o politicólogo palestino Nafez Nazzal. Mas, feitas as contas, o balanço permanecia globalmente muito positivo.

CAPÍTULO II

Por uma abordagem global do empreendimento sartriano

O rebuliço francês havia me intrigado. De minha parte, nunca tendo sentido a necessidade de acertar contas com Sartre, eu não havia buscado opor o "bom Sartre" ao "mau Sartre", só me interessando um "Sartre por inteiro", com suas contradições, suas ingenuidades, seus entusiasmos, sua coragem, sua generosidade. Fiquei então convencida da urgência de abordar a obra sartriana como um todo, para poder compreender suas leis de funcionamento, para ler uma gramática dos comportamentos sartrianos e, na falta disso, encontrar suas chaves. Mas como abarcar uma obra tão prolífica e proteiforme, que abordou todos os domínios da escrita (romance, novela, filosofia, teatro, cinema, biografia, autobiografia, ensaio crítico, reportagem jornalística, canção, entre outros), que se dirigiu a todos os públicos – do grande público aos universitários –, em todos os países, e que desde então parecia escapar a todo controle?

Um fenômeno inesperado ocorreu naqueles anos, tornando ainda mais delicada a abordagem global da obra sartriana após a morte de seu autor. Esta, como que solta, passou a viver uma vida nova depois da publicação de manuscritos inacabados, esquecidos, dados ou perdidos: *Carnets de la drôle de guerre* [*Apontamentos de uma guerra estranha**], *Lettres au Castor et à quelques autres* [*Cartas ao Castor e a alguns outros*], *Cahiers pour une morale* [*Cadernos para uma moral*], *Vérité et existence* [*Verdade e existência*], *Critique de la raison dialectique 2* [*Crítica da razão dialética 2*], logo seguidos pelas *Oeuvres romanesques* na coleção "Pléiade", pelo roteiro do filme *Freud, além da alma*, *Écrits de jeunesse* [Escritos de juventude]. Lista a que deve ser acrescentado *La Cérimonie des adieux* [*A cerimônia do adeus*], de Simone de Beauvoir, cujo texto era acompanhado de uma longa entrevista com Sartre. "Cinco livros em três anos", lembrou judiciosamente Michel Contat no *Le Monde*, com uma espécie de admiração por essa produtividade de além-túmulo que parecia quase uma façanha esportiva: como um escritor morto conseguia ser ainda mais prolífico do que em vida?

Os *Carnets de la drôle de guerre*, sobretudo, agradaram-me pelo trabalho exigente de decifração pessoal e de transparência a que Sartre se dedicou cotidianamente no diário íntimo que escreveu em 1939 e 1940. Era um texto desigual, contendo algumas páginas muito tediosas e outras sublimes, que revelavam em profundidade a maneira como ele funcionava, como ele pensava. "Sucedeu-me, depois de ter cometido erros numa discussão, reconhecê-lo de bom grado e ficar muito surpreso, a seguir, vendo

---

* A expressão "*drôle de guerre*" aplica-se aos primeiros meses após a declaração de guerra da França à Alemanha, quando as hostilidades eram ainda apenas verbais. (N. do T.)

que meu interlocutor, apesar dessa confissão, ainda continuava irritado. Tive vontade de lhe dizer: 'Mas veja, não sou mais eu, não sou mais o mesmo'. Com certeza, é isso que torna tão evidente minha teoria da liberdade, que de fato é uma maneira de escapar de si mesmo, a todo instante."[1] Tinha-se a impressão de penetrar numa espécie de intimidade, num diálogo sem concessões nem fingimentos entre Sartre e Sartre, durante o qual ele se julgava, periodizava, criticava, injuriava, acalmava, voltava atrás, maltratava-se novamente, numa espantosa capacidade de autocrítica e de questionamento, como a dizer que, na verdade e na autenticidade, tudo é sempre possível o tempo todo. No contexto dessa inesperada guerra em que nada acontecia, para o soldado Sartre imobilizado com outros numa divisão de meteorologia, a escrita funcionava como respiração, presença no mundo, e como uma pulsação.

Apesar de todos esses obstáculos para uma compreensão global da obra sartriana, o primeiro a evitar me parecia ser o da compartimentalização. Aventurar-se a uma descrição por gêneros – os romances, os ensaios críticos, a filosofia, os ensaios políticos, o jornalismo – seria deixar de lado os roteiros de filmes, a canção, o diário íntimo, os prefácios, os discursos fúnebres, as viagens, a vida privada, os escritos de juventude, etc. Querer isolar um período histórico – o Sartre marginal dos anos 1930, o Sartre em glória dos anos posteriores a 1945, o grande viajante dos anos 1960, o Sartre-rei Lear dos anos de

---

1. *Carnets de la drôle de guerre*, op. cit., p. 126-127.

cegueira – era logo compreender que o escolhido estava ao mesmo tempo em diálogo e em ruptura com o precedente ou com o seguinte. Considerar, em vez disso, os grandes momentos políticos do século 20 – os anos 1930 e seu cortejo de manifestações populares, os anos posteriores a 1945 e o entusiasmo dos intelectuais pelo PCF [Partido Comunista Francês] –, era perceber também que, se Sartre aceitara certos desafios do século, ele os seguira segundo uma espécie de dança a contratempo com sua época. O Sartre dos anos 1930, por exemplo, marginal, individualista e apolítico, não mostrava o menor interesse pelo internacionalismo proletário dos primeiros comunistas franceses, como seu amigo Nizan, em particular, e se aproximava, por seus comportamentos, das atitudes de alguns surrealistas, sem no entanto jamais encontrá-los nem reconhecê-lo. Na verdade, para tentar apreender o conjunto das marcas sartrianas, não era unicamente a obra escrita que se precisava levar em conta, mas o *empreendimento sartriano*, essa organização, coerente de uma ponta a outra, de uma contracultura do cotidiano, cuja prática traduzia concretamente o projeto filosófico.

Qualquer abordagem setorial de sua obra, portanto, perderia com certeza algumas de suas dimensões essenciais, como a da sobreposição dos temas ou a da interdependência dos diferentes gêneros. Numa entrevista que concedeu a Madeleine Chapsal em 1960, Sartre fornece algumas pistas que permitem compreender um pouco melhor a arquitetônica tão particular de sua obra. "Há quinze anos busco alguma coisa. Trata-se, digamos, de dar um fundamento político à antropologia. É algo que proliferava. Como um câncer generalizado. Idéias me vinham, eu não sabia ainda o que fazer delas, então as punha em qualquer lugar, no livro que estava escrevendo. Atualmente, é verdade, elas estão organizadas, escrevo um livro que me desembaraçará delas, *Crítica da razão dialética*... Não sinto mais a necessidade de fazer digressões em meus livros como se eu corresse o tempo todo atrás de minha filosofia. Ela vai se depositar em pequenos ataúdes, ficarei totalmente esvaziado e tranqüilo – como depois de *L'Être et le Néant* [O Ser e o Nada]. O *vazio*... Quando o livro sobre a antropologia estiver atrás de mim, poderei escrever. Sobre qualquer coisa. Quanto à filosofia, farei apenas, para mim mesmo, pequenas referências mentais... Quando se escrevem livros não-filosóficos, embora ruminando a filosofia – como fiz sobretudo nesses dez últimos anos –, a menor página, a menor prosa padecem de hérnias. Nos últimos tempos, quando eu sentia as hérnias em minha escrita, preferia interromper-me. Eis por que mantenho todos esses livros em suspenso."[2]

Com sua utilização de metáforas orgânicas, sua apresentação da proliferação das idéias como uma verdadeira patologia, sua descrição da circulação dos temas entre filosofia, teatro e outros ensaios críticos, esse belo e surpreendente texto mostra que a obra de Sartre só pode ser abordada enquanto *organismo vivo*, como um todo integrado. Somente uma

---

2. *Situations IX*, Gallimard, 1972, p. 9-11.

abordagem global ligando todos os gêneros que formaram a obra sartriana, incluídas as intervenções políticas, levando em conta igualmente os comportamentos pessoais e a vida afetiva do escritor, a recepção de sua obra na França e no estrangeiro, e fenômenos de interação entre produção e recepção, poderia permitir, acompanhada de uma abordagem fenomenológica, a reconstrução da lógica interna à obra de Sartre.

CAPÍTULO III

Gênese de O idiota, *ou o imaginário como determinação cardinal*

Tomemos, por exemplo, o projeto de *L'Idiot de la famille* [*O idiota da família*], seu texto sobre Flaubert, seu último livro, obra magnífica, enorme, inacabada, em três tomos e 2.802 páginas! Para compreender sua gênese, é preciso voltar a 1939, durante a *"drôle de guerre"*. "Ao reler sua [de Flaubert] correspondência, na má edição Charpentier", explica Sartre, "tive o sentimento de uma conta a acertar com ele e que eu devia, em vista disso, conhecê-lo melhor. Desde então, minha antipatia inicial transformou-se em empatia, única atitude exigida para compreender."[1] Flaubert é inicialmente concebido como "uma continuação a *L'Imaginaire* [*O imaginário*]" já em 1940, depois anunciado em *O Ser e o Nada*, no final do capítulo sobre a psicanálise existencial, em 1943; é mencionado ainda em *Qu'est-ce que la littérature* [*O que é a literatura*] em 1945, elaborado a seguir, sob a influência de Roger Garaudy, durante três meses, numa dúzia de cadernos, por volta de 1954, desenvolvido um ano mais tarde por sugestão do editor e psicanalista J.-B. Pontalis num manuscrito de mil páginas, abandonado por muito tempo antes de ser retomado em 1963 em tempo integral, trabalhado

---

1. *Situations X*, Gallimard, 1976, p. 91.

e retrabalhado finalmente "de cima a baixo" em quatro versões sucessivas, antes de os dois primeiros tomos serem publicados na primavera de 1971, o terceiro em 1972, o quarto e o quinto sendo por fim abandonados por causa da cegueira.

Engendrado assim por etapas durante três décadas, *O idiota* elabora-se saltando sobre as diferentes bases teóricas, que são *O imaginário*, *O Ser e o Nada*, *Questions de méthode* [*Questões de método*] e *Crítica da razão dialética*, para permitir a Sartre "escrever tudo o que há a dizer sobre Flaubert". Projeto soberbo e insensato, que busca compreender "o imaginário como determinação cardinal de uma pessoa", que tenta descrever a neurose do menino Gustave e, entre outras coisas, explicar o impacto de sua passividade de criança sobre sua vocação de escritor; projeto que Sartre concebe como uma encruzilhada de todas as interrogações, de todos os métodos que o haviam anteriormente tentado, isto é, "as diferentes mediações e procedimentos que poderiam nos permitir aprofundar nosso conhecimento dos homens [...] e combinar a psicanálise e o marxismo".[2] Projeto obsessivo, pois Sartre retorna, com 45 anos de distância, às preocupações muito exatas que teve em seus anos de Escola Normal, quando escolhe, para seu diploma de estudos superiores, tratar do seguinte tema: "A imagem na vida psicológica: função e natureza".

Projeto defasado, também, pois na contracorrente das pesquisas de seu tempo: com efeito, já em meados dos anos 1960, com a chegada dos pensamen-

---

2. *Situations IX*, p. 113.

tos estruturalistas e de novos pensadores marxistas, o pensamento sartriano marginaliza-se e parece apagar-se no mundo intelectual. Apesar de tudo, Sartre obstina-se nesse confronto encarniçado com Flaubert, nele aplicando seu "método totalizante" de maneira furiosa, valendo-se de *Corydrane* [mistura de aspirina e anfetaminas] e do amparo de seus familiares. "Por que Flaubert?", perguntaram-lhe os críticos de maneira repetida. "Ele representa para mim o oposto exato de minha própria concepção da literatura: desengajamento total e busca de um ideal formal que não é de modo algum o meu. Flaubert começou a me fascinar precisamente porque eu via nele, sob todos os pontos de vista, o contrário de mim mesmo. Eu me perguntava como era possível um homem assim." Ou ainda: "A gente tem necessidade de desafiar o que nos contesta".[3]

Ao penetrar na obra sartriana pela "entrada Flaubert", isto é, pelo fim, logo desembocamos numa rede complexa de correspondências que nos forçam a remontar no tempo e a perceber que o diálogo com Flaubert tem raízes distantes, muito distantes, na infância de Sartre. Em realidade, é possível que *O idiota da família* represente o desfecho do verdadeiro acerto de contas com aquele que sempre representou a França burguesa e letrada do século 19: seu avô Schweitzer. Relação difícil e conflituosa entre o neto e seu avô benfeitor, um verdadeiro pedagogo, grandiloqüente, generoso, que foi o único preceptor da criança superdotada nos dez primei-

---

3. *Situations IX*, p. 116-117.

ros anos de sua vida. Para escapar à imposição do avô e à facticidade do mundo, a seu excesso de amor também, a criança, órfã de pai, impôs-se então uma missão necessária e impossível: fez-se escritor aos oito anos de idade, com a convicção de que se tratava de um auto-engendramento. "Meu avô", ele explica em *Les Mots* [*As palavras*], "lançou-me na literatura pelo cuidado que pôs em desviar-me dela: a ponto de eu me perguntar ainda hoje, quando estou de mau humor, se não consumi tantos dias e tantas noites, enchi tantas folhas de tinta, lancei no mercado tantos livros que não eram desejados por ninguém, com a única e louca esperança de agradar meu avô".[4]

Se a publicação de *As palavras*, em 1963, representa, segundo seus próprios termos, um "adeus à literatura",[5] Sartre nos diz igualmente que esse livro foi escrito para "responder à mesma questão que os estudos sobre Genet e Flaubert: de que maneira um homem se torna alguém que escreve, alguém que quer falar do imaginário?".[6] Assim a obra sartriana desenvolve-se entre retomada e inacabamento, reformulação teórica e demonstração prática, em diálogo constante com outros criadores, seus colegas, indo desde o *Baudelaire*, um estudo "muito insuficiente, extremamente ruim mesmo",[7]

---

4. *Les Mots*, Gallimard, 1963.

5. S. de Beauvoir, *La Cérémonie des adieux*, seguido de *Entretiens avec Jean-Paul Sartre: août-septembre 1974*, Gallimard, 1981, p. 305.

6. *Situations IX*, p. 133-134.

7. *Ibid.*, p. 113.

a *Saint Genet comédien et martyr*, no qual "o estudo do condicionamento de Genet pelos acontecimentos de sua história objetiva é insuficiente, muito insuficiente",[8] de Genet a Mallarmé, de Mallarmé a Tintoreto, de Tintoreto a Flaubert. Eis como funciona Sartre, expondo sem parar suas contradições, seus próprios limites, suas reviravoltas, suas falhas, sua transparência, sua dinâmica, admitindo finalmente que "os escritores vivos se escondem" e que, "quando escrevemos, nos disfarçamos".[9]

– "Não receia um pouco que alguém empreenda sobre o senhor o trabalho de elucidação que realizou sobre Flaubert?", perguntaram-lhe um dia.

– "Pelo contrário, ficaria muito contente", ele respondeu. "Como todo escritor, eu me escondo. Sou também um homem público, e as pessoas podem pensar de mim o que quiserem, mesmo se for severo..."

– "Não sente nenhum temor diante do julgamento da posteridade?"

– "Nenhum. Não que esteja convencido de que será bom. Mas desejo que aconteça. E nunca me viria a idéia de eliminar cartas, documentos sobre minha vida pessoal. Tudo isso será conhecido. E tanto melhor se assim eu puder ser tão transparente aos olhos da posteridade – se ela se interessar por mim – quanto Flaubert é aos meus."[10]

---

8. *Ibid.*, p. 114.
9. *Situations X*, p. 105.
10. *Ibid.*, p. 105.

CAPÍTULO IV

Curva de uma produção atípica

Surpreendente Sartre, cuja trajetória profissional se desenrola de maneira singular, em completa defasagem com a de seus contemporâneos. Qual é, portanto, a *chave* dessa carreira, na qual a paixão literária da juventude volta a florescer nos anos de velhice? Como se instalam os processos de emergência? Que tipo de relação Sartre mantém com sua época num percurso em que se sucedem fases de divórcio, de harmonia, de divórcio novamente? Como ele se livra dos impasses, das rotinas? Como progride esse pensamento ao mesmo tempo em devir, mas que acima de tudo gira sempre em torno das mesmas questões: a função da literatura e a condição do artista ou do intelectual, a inscrição do simbólico na realidade? Se buscarmos periodizar a produção sartriana, vemos que se poderia representá-la sob a forma de uma curva que se esboça lentamente, atinge seu apogeu nos anos excepcionalmente prolíficos do Sartre em glória (1945-1960), para recair num período menos público em que o interesse político dá lugar a um retorno a preocupações intelectuais que foram as dos anos 1940.

Trata-se, primeiro, da lenta e paciente gênese de uma carreira de escritor, das angústias de um homem emaranhado nos balbucios de uma "glória" retardada.

A idéia de trabalhar sobre a contingência ocorreu a Sartre já em 1926, durante seus anos de estudo na Escola Normal Superior; no entanto, lhe serão necessários doze anos de trabalho complementar para retomar sua "exposição sobre a contingência", reescrevê-la, elaborá-la ainda mais, antes de publicar essa obra em sua forma definitiva, *La Nausée* [*A náusea*]. Se Sartre pode enfim penetrar no mundo editorial, se pode escrever a Simone de Beauvoir que "anda nas ruas como um autor",[1] não é senão ao cabo de um processo particularmente difícil, durante o qual se valeu das intervenções de vários de seus amigos: Paul Nizan, Simone de Beauvoir, Jacques-Laurent Bost, entre outros, e depois de ter aceito submeter seu manuscrito a uma série de verdadeiras censuras relativamente às passagens demasiado cruas de seu texto.

Sartre, aos trinta anos, é o herdeiro de uma tradição francesa elitista, um jovem educado entre os livros e no leito macio da Escola Normal Superior. Professor de filosofia num liceu no Havre, praguejando contra seus fracassos editoriais e contra a asfixia da província francesa, anarquizante, isolado, individualista, ele vê passar com indiferença os grandes desfiles dos diferentes partidos de esquerda, e escuta com ironia as esperanças dos comunistas franceses fascinados pela experiência soviética. Essa primeira fase de produção antes da Segunda Guerra Mundial compreende obras literárias, filosóficas, dramáticas,

---

1. *Lettres au Castor et à quelques autres*, t. I, Gallimard, 1983, p. 146.

artigos de crítica literária, reportagens. Ele apresenta uma descrição muito desesperada do mundo, o ponto de vista de um homem separado, marginal. Mostra-se também como precursor, pioneiro e desbravador, lançando sondas em direção a culturas estrangeiras, elaborando noções fundamentais, como a da contigência, da má-fé, do olhar alienante do outro.

A Segunda Guerra Mundial é um choque para o escritor que, até então, vivera em meios preservados; ela "faz despejar o social na [sua] vida". A *drôle de guerre* e o campo de prisioneiros o colocam em contato com novos tipos de companheiros; no Stalag XII D, em Trier [Alemanha], ele ensina filosofia e escreve e produz uma peça de teatro, *Bariona*, para, depois se evadir e se lançar num pequeno grupo de resistência, "Socialisme et Liberté", que dura apenas alguns meses; então, no impulso de seus primeiros escritos, prossegue sua obra de filósofo (*O Ser e o Nada* aparece em 1943), de romancista (ele trabalha nos dois primeiros tomos dos *Chemins de la liberté* [*Caminhos da liberdade*] que serão publicados em 1945), de dramaturgo (*Les Mouches* [*As moscas*], em 1943, *Huis clos* [*Entre quatro paredes*], em 1944), ao mesmo tempo em que começa duas novas experiências de escrita: a de roteirista, financiada pela firma Pathé (que lhe permite então abandonar o ensino) e a de repórter jornalista, graças a Albert Camus, que lhe propõe tornar-se "testemunha de seu tempo" escrevendo para a revista *Combat* e depois para *Le Figaro*.

Tendo feito a cobertura das jornadas da libertação de Paris, Sartre é enviado aos Estados Unidos, onde ficará por cinco meses. É lá, num país que há muito lhe interessa como portador de modernidade, que vai realmente nascer o Sartre em sintonia com sua época. O trabalho de campo que o faz viajar de Nova York a Hollywood, ao Texas e ao Novo México lhe fornece um objeto de investigação imenso e exaltante: os Estados Unidos da América. Essa viagem faz emergir o Sartre militante ético que, pela primeira vez, se engaja em favor de uma causa social: a discriminação racial de que são vítimas os negros nesse país. É também durante essa viagem que já esboça-se o Sartre terceiro-mundista dos anos 1960.

Ao voltar dos Estados Unidos, Sartre torna-se ao mesmo tempo um dos produtos e um dos atores do renascimento da imprensa francesa. "Situação", "liberdade" e "engajamento" são para ele as palavras-mestras desse período. "Servir à literatura impondo-lhe um sangue novo", diz a apresentação de *Les Temps modernes*. "Todos os manuscritos serão aceitos de onde quer que venham. O engajamento não deve de modo algum fazer esquecer a literatura [...] servir a coletividade dando-lhe a literatura que lhe convém."[2] Surgem assim os julgamentos, as posturas de autoridade para um homem que se instaura como instância suprema. "O escritor está em situação em sua época: cada palavra tem seus ressentimentos; cada silêncio tem também Flaubert e Goncourt [como] responsáveis."[3] Ele organiza igualmente um

---

2. Apresentação de *Les Temps modernes*, *Situations II*, Gallimard, 1948, p. 12-13.

3. *Ibid.*, p. 13.

projeto de investigação do mundo ao mesmo tempo global e popular. "Se a verdade é una [...] buscá-la em parte alguma [é buscá-la] em toda parte."[4]

Já no mês de setembro de 1945 aparece, portanto, um Sartre que, na tábula rasa do pós-guerra, escreve "para sua época", numa produção incrivelmente prolífica e num verdadeiro diálogo com o público; que se julgue a partir de uma lista (incompleta) de suas publicações de 1945 a 1963: *L'existentialisme est un humanisme* [*O existencialismo é um humanismo*], *Les Chemins de la liberté*, a revista *Les Temps modernes*, *Situations I-III*, *Morts sans sépulture* [*Mortos sem sepultura*], *La Putain respectueuse* [*A prostituta respeitosa*], *Réflexions sur la question juive* [*Reflexões sobre a questão judaica*], *Baudelaire*, *Orphée noir* [*Orfeu negro*], *Les jeux sont faits* [*Os dados estão lançados*], *Les Mains sales* [*As mãos sujas*], *L'Engrenage* [*A engrenagem*], *Mallarmé*, *Entretiens sur la politique* [*Conversas sobre a política*], *Le Diable et le Bon Dieu* [*O Diabo e o bom Deus*], *Saint Genet comédien et martyr* [*Saint Genet, ator e mártir*], *L'Affaire Henri Martin* [*O caso Henri Martin*], *Kean*, *Nekrassov*, *Les Séquestrés d'Altona* [*Os seqüestrados de Altona*], *Crítica da razão dialética*, *As palavras*... Ele se torna também prefaciador para muitos outros escritores na França, não recusando jamais seu apoio a autores mais jovens que recorrem a ele.

Como definir esse impacto do pensamento sartriano em 1945? Como descrever essa segmentação,

---

4. *Merleau-Ponty vivant*, *Situations IV*, Gallimard, 1964, p. 206.

essa atomização dos produtos culturais? Seria possível propor a idéia de que ele soube imaginar um público total, idéia que escritor nenhum jamais tivera antes dele; nesse período que vê a mutação dos sistemas de comunicação, Sartre segmenta as mensagens em função de seus diferentes públicos-alvo e desenvolve verdadeiras operações, como a famosa conferência "O existencialismo é um humanismo", pronunciada no Club Maintenant, em 20 de outubro de 1945, e que representa um dos grandes eventos midiáticos do país naqueles anos. Conjuntamente, na retomada de 1945, aparecem o primeiro número de *Les Temps modernes*, os dois primeiros tomos de *Os caminhos da liberdade*, enquanto prosseguem as representações da peça *Huis clos* e, associado à moda galopante do "existencialismo" no grande público, o nome de Sartre é cotidianamente martelado na imprensa (com admiração ou ódio). "O existencialismo? Não sei o que é", ele responde quando o interrogam. "Minha filosofia é uma austera filosofia da existência."

Embora o pensamento sartriano esteja associado a um lugar com seu modo de vida boêmio, sua tradição de vida de cafés e sua fauna (os "*zazous*", jovens vistos como marginais e subversivos), sua origem é um sistema de pensamento filosófico particularmente árido e de acesso bastante difícil. Numa França rural que acaba de sair dos anos de Ocupação, a moda sartriana, com sua cultura alternativa que utiliza modelos tomados de culturas estrangeiras, que fala de modernidade, de jazz e de amor fora do casamento, cria cumplicidades imediatas com a juventude de Saint-Germain-de-Près, que vai desenvolver modos de vida à imagem da família sartriana. No momento em que a sociedade francesa se transforma, Sartre passa a ser, em Paris, nesse bairro mítico de Saint-Germain-des-Près, ao mesmo tempo caução e refém.

O empreendimento sartriano apresenta-se então segundo uma estrutura piramidal, organizada, graças à filosofia que, no topo, legitima o conjunto, em cinco zonas de influência que abrangem os ensaios críticos, as conferências, o teatro e o romance, o rádio e o cinema e, finalmente, o jornalismo. Esse empreendimento utiliza "mediadores substitutos" mais jovens, mais acessíveis, atores bem conhecidos do grande público, como Juliette Gréco, Boris Vian, François Perrier (intérprete de Hugo em *As mãos sujas*), Pierre Brasseur, Jean Vilar e Maria Casarès (respectivamente Goetz, Heinrich e Hilda em *O Diabo e o bom Deus*), Serge Reggiani (Franz em *Os seqüestrados de Altona*) ou ainda Sophia Loren (Johanna, no filme baseado nesta última peça citada), e atinge praticamente todos os públicos, do mais erudito ao mais amplo, todas as gerações misturadas. Esse empreendimento envolve igualmente a utilização de um lugar, o bairro de Saint-Germain-des-Près, com seu campanário, sua praça, seus cafés – e mais: a mitologização de um lugar do qual Sartre logo se torna o intelectual orgânico. Já nessa época, ele prevê a modificação dos equilíbrios internacionais, prediz o fim da legitimidade imperialista européia e percebe a emergência identitária dos povos colonizados, numa visão de mundo radicalmente diferente de antes da guerra.

O período de 1952 a 1956 será o dos anos de companheiro de estrada com o PCF, dos quais sairá transformado. A partir de 1959, suas tomadas de posição políticas durante a guerra da Argélia vão colocá-lo em órbita; atacando o poder gaullista, atacando em seus artigos, com uma ironia implacável, a política colonial da França, ele irá provocar um verdadeiro psicodrama nacional ao denunciar a tortura e ao convocar à insubmissão, pressionando o governo num duelo sem trégua com o general de Gaulle. É nesses anos que ele adquire um estatuto de "intocável" e, convidado pelos chefes de Estado do mundo inteiro, desempenha o papel de um embaixador sem mandato, como representante da França numa função político-ética até então jamais ocupada por nenhum escritor. Além de sua função midiática de diretor de *Les Temps modernes*, ele se torna, com sua escrita polêmica e suas grandes viagens, o porta-voz do Terceiro Mundo, o alto-falante dos marginais e dos excluídos. Com a publicação de *As palavras* em 1963, livro que, num impressionante virtuosismo de escrita, dá o seu "adeus à literatura" tal como a concebera até então, e, no ano seguinte, com a recusa do prêmio Nobel de literatura, com sua oposição cada vez mais radical à guerra do Vietnã e suas funções de presidente do tribunal Russell contra os crimes de guerra norte-americanos, Sartre distancia-se cada vez mais da trajetória e do arquétipo do escritor.

Há, enfim, o período do último Sartre, já evocado anteriormente, com seu trabalho encarniçado numa única obra, a última, seu Flaubert. Há também a experimentação de uma outra forma de escrita, a escrita jornalística com a criação da agência de imprensa e, depois, do jornal *Libération*, a aceitação de servir de escudo para diferentes grupos maoístas ameaçados pelo poder, a cegueira, enfim, e os últimos anos em que passa a trabalhar com seu secretário, Pierre Victor (pseudônimo de Benny Lévy), sobre preocupações não-habituais, como a religião, e de um modo inédito.

Nas diferentes articulações dessa espantosa trajetória, algumas preocupações persistem do início ao fim da carreira: após o período do conhecimento segundo o modo da exploração e da aventura – quanto à filosofia, pelo pólo alemão; quanto ao romance, pelo pólo americano –, após a curiosidade pelas novidades no cinema, na música, nas artes plásticas, após a necessidade da viagem, após a paixão pelo moderno, pelo novo, após o interesse pela cultura do outro e os acertos de contas com a França colonial ou a América colonialista, é o retorno à França flaubertiana do século 19, com a qual, como recém vimos, ele nunca deixou de se debater. Na verdade, o que me parece mais interessante de estudar hoje não é o período do Sartre em glória, aquele no qual estava em sintonia com sua época, mas o do primeiro e do último Sartre, um escritor em isolamento social, que se retrai e que busca, em dissonância com ela.

Com o recuo, alguns temas aparecem, lançando uma outra luz e impondo uma verdadeira coerência entre as posturas e as obras dessa trajetória singular. Quando, em 14 de outubro de 1964, Sartre pega uma folha de papel quadriculado para pedir ao júri da

Academia Nobel que não mencione seu nome caso fosse nomeado para o prêmio Nobel de literatura, alguns analisaram esse gesto como uma forma de encenação. Na verdade, tratava-se de algo muito diferente. Recusar o Nobel de literatura por "razões pessoais", como ele declarou publicamente, assim como recusar, alguns anos antes, ser condecorado com a Legião de Honra, não era exprimir uma recusa obstinada de ser detido em sua marcha? Essas razões pessoais, que poderiam ser rebatizadas de "razões sartrianas", não estavam há muito inscritas nos primeiros textos filosóficos de Sartre? "Com o olhar de outrem, a situação me escapa ou, para usar uma expressão banal mas que exprime bem nosso pensamento, não sou mais senhor da situação [...]. O aparecimento do Outro faz aparecer na situação um aspecto que eu não quis, do qual não sou senhor, e que me escapa por princípio, já que ele existe para o outro."[5]

Então, o que sei de Sartre? Se retomássemos alguns momentos de sua trajetória, poderíamos identificar essas novas correspondências, fazer alguns ajustes, elucidar a questão sempre sensível do acerto de contas nacional e talvez, se preciso, colocar certas coisas nos seus devidos lugares.

---

5. *L'Être et le Néant. Essai d'ontologie phénoménologique*, Gallimard, 1943, p. 311-312.

CAPÍTULO V

A Alsácia e o Périgord, ou a rejeição do arcaico

Em 1963, Sartre publicou *As palavras*, livro importante que começa, a galope, com o relato notavelmente factual de três histórias de amor fracassadas, a de seus avós maternos, a de seus avós paternos e a de seus pais. As duas primeiras atolaram-se na mentira, na hipocrisia e na convenção social, a terceira interrompeu-se pouco depois de ter começado, com a morte do pai. Assim, coloca-se em cena o escritor nesse roteiro surpreendente, de um virtuosismo de escrita ao mesmo tempo patético e delirante, engraçado, lírico, relato dos doze primeiros anos de sua vida.

À leitura de *As palavras*, tive a intuição de que Sartre atribuía à sua família materna, os Schweitzer, uma espécie de responsabilidade unívoca por sua própria neurose de escritor, acusando particularmente o avô. Decidi que havia aí um elemento a investigar e me aventurei a contestar Sartre na construção de sua própria história. Fui assim levada a percorrer esse "lado de Thiviers" que ele deixara na sombra, a avaliar o peso de seu enraizamento rural francês, a reencontrar o lugar social da família Sartre, a reconstruir a evolução de sua família, a esclarecer o lugar do pequeno "Poulou" nesse meio.

Quando ataca a França rural, a reflexão de Sartre geralmente adquire formas peremptórias ou mesmo violentas, no mais das vezes a forma do ódio. Em primeiro lugar, contra a França provinciana que ele descreve com o talento que sabemos em *A náusea*. "É domingo: por trás das docas, ao longo do mar, perto do depósito de mercadorias, por toda a cidade, há hangares vazios e máquinas imóveis na sombra. [...] Em todos os subúrbios, entre os muros intermináveis das fábricas, longas filas negras se puseram em marcha, avançam lentamente rumo ao centro da cidade. Para recebê-las, as ruas adquiriram o aspecto dos dias de tumulto: todas as lojas, exceto as da rua Tournebride, baixaram suas portas corrediças. Em breve, as colunas negras, silenciosas, invadirão essas ruas que se fingem de mortas [...]. Em breve, a França dos domingos irá nascer, entre lojas aferrolhadas e portas fechadas."[1]

Com o trabalho de pesquisa em Thiviers e em Périgueux, com a descoberta de um arquivo importante que pertenceu à tia de Sartre, sra. Lannes, com a consulta aos documentos de seu pai Jean-Baptiste Sartre nos arquivos da Escola Politécnica e da Marinha, no Ministério da Defesa, pude reconstituir as relações complexas entre as duas famílias – brevemente ligadas – de que proveio o escritor. E, já que ele havia escolhido não falar disso, estudei longamente os documentos provenientes do sudoeste da França. O que eles revelam é, na verdade, o declínio absoluto de uma família de burgueses prósperos enriquecidos no século 19, que resultou na perda do capital e no desaparecimento sucessivo, em menos de

---

1. *La Nausée*, Gallimard, 1938, p. 51.

vinte anos, de cada um dos elementos produtivos ou potencialmente produtivos da ascendência de Jean-Paul Sartre: seu tio, o capitão Frédéric Lannes, morto na guerra de 1914-1918; seu pai, Jean-Baptiste, desaparecido em setembro de 1906, vítima de uma doença contraída na Cochinchina; seu avô, dr. Eymard Sartre, falecido em outubro de 1913; sua avó, Élodie, falecida em 1919; a pequena Annie, sua prima-irmã, morta aos dezenove anos de idade, em 1925; o tio Joseph, seu "subtutor", morto em 1927.

Abramos, por exemplo, a correspondência suscitada em outubro de 1913 pela morte do avô, dr. Eymard Sartre, originário de uma modesta família de camponeses de Puyfebert, que se tornou médico rural em Thiviers e marido de Élodie Chavoix, a filha do farmacêutico da cidade. É toda uma rede de locais notáveis que aparece, com diferentes famílias de aristocratas, banqueiros, notários, membros de ordens religiosas – o pároco da catedral de Périgueux, a superiora geral das religiosas do Sagrado Coração de Maria em Aubazine –, o presidente do tribunal civil, um juiz de paz, um deputado, presidente do conselho geral da Dordonha, o senador da Dordonha, membro da Academia de Medicina, todos os párocos locais, num espaço geográfico que abrange as cidades de Thiviers, Périgueux, Limoges, Bordeaux, La Corrèze e Lot.

Entre a família Schweitzer e a família Sartre há toda a oposição entre uma França protestante e uma França católica, uma França urbana e uma França rural, a França progressista dos pedagogos de origem alemã e a França radical das glebas. A linhagem paterna, sobre a qual o escritor provavelmente nunca teve tempo de pesquisar, comportava homens políticos abertos e radicais, personagens leigos e republicanos, como seu próprio avô que, médico rural, buscava eliminar os redutos de arcaísmo e esclarecer os habitantes dos lugarejos vizinhos, que falavam o patoá e muitas vezes permaneciam ainda sob o domínio da feitiçaria, levando-lhes a medicina, a higiene e a cultura.[2]

Observemos ainda a disparidade entre os dois irmãos Sartre: o mais moço, Jean-Baptiste, pai do escritor, e o mais velho, Joseph, tio paterno. A trajetória de Jean-Baptiste é a de um jovem dotado, ambicioso, aventureiro, formado em letras e em ciências, politécnico que escolhe a carreira da Marinha; a de Joseph, a de um homem do campo mal-humorado e avarento. A disparidade de seus destinos aparece de forma evidente quando lemos a correspondência de cada um dos dois irmãos, redescoberta nos baús da sra. Lannes, a tia de Sartre, em Périgueux. "Como foi combinado", escrevia o tio Joseph, certamente sob ditado do notário, "desejo que a sra. Mancy e a sra. Lannes escolha[m] o mobiliário que lhes agradar, menos o relógio de pêndulo que reservo para mim, assim como a mesa que está no mesmo quarto que o relógio, e que desejo conservar em minha sala de jantar, ficando a sra. Lannes com a bela poltrona da sala que ela nos deixa escolher, ou a poltrona do quarto de mamãe, ou a do quarto dele,

---

2. E. J. Weber, *La fin des terroirs: la modernisation de la France rurale: 1870-1914*, Fayard, 1983, p. 34.

ou a de encosto alto da sala de jantar. Possuindo a sra. Lannes já um em Périgueux. E que ela fique com o bom e o ruim. Joseph Sartre" (*sic*).[3] Dezessete anos antes, Jean-Baptiste havia enviado, por sua vez, uma carta à irmã na qual se estampava o prestígio de sua nova condição: "Minha querida irmãzinha, cumpro minha promessa e vou te falar do baile de sábado. Foi um baile magnífico, muito bem organizado [...]. Havia muitos uniformes, e belíssimos uniformes, como os dos oficiais e engenheiros da Marinha. Estavam presentes dois ministros ex-alunos, Cavaignac e Guiyesse. Às onze horas, o sr. Faure foi anunciado [...]. Teu irmão politécnico, Sartre."[4]

O exame da correspondência entre Anne-Marie, mãe do "Poulou", e a família do pai, após a morte de Jean-Baptiste, mostra as patéticas desavenças entre vários indivíduos oriundos de dois mundos extremamente díspares, suas difíceis negociações e a posição de refém na qual se viu então a criança, entre os sete e os onze anos de idade. De fato, após a morte do avô Sartre, foi Joseph, o tio paterno, que passou a ser o subtutor do menino e, desse modo, tinha acesso à pensão de Jean-Baptiste para seu filho. Desavenças de ordem jurídica e administrativa, que se tornaram igualmente problemas de ordem financeira quando Joseph Sartre recusou passar o dinheiro a Anne-Marie.

---

3. Arquivos Annie Cohen-Solal, proveniente dos arquivos da sra. Lannes em Périgueux, datando provavelmente de 1913, no momento da sucessão do avô, dr. Eymard Sartre.

4. Arquivos Annie Cohen-Solal, proveniente dos arquivos da sra. Lannes em Périgueux, Paris, 22 de janeiro de 1896.

As diversas intervenções que ela solicitou a amigos do marido atestam as dificuldades reais que enfrentou nesses arranjos familiares e culturais particularmente hostis. Foi somente após seu novo casamento com Joseph Mancy, em 1917, que ela recuperou a tutela do filho.

Essas informações permitiram-me voltar aos textos e fazer uma leitura consideravelmente enriquecida. Assim, Bouville, em *A náusea*, parece ser muito mais um duplo de Thiviers do que da cidade do Havre, como acreditaram. E os dados precisos sobre a linhagem paterna ajudam a compreender o fascínio que estará no centro das questões de *O idiota da família*. A abordagem dos textos achava-se assim reaberta, especialmente quanto à maneira muito original de Sartre considerar suas determinantes sociais e a rejeição da França rural que ele conheceu bem. Essa terra de gente convencional, de notáveis da província, essa França de proprietários rurais que teve dificuldade de se modernizar após a Primeira Guerra Mundial foi analisada pelo historiador Eugen Weber no livro *Peasants into Frenchmen*.[5] O ódio a esse "lado de Thiviers", apesar de nunca diretamente expresso por Sartre, também nunca se extinguiu de fato para ele. A rejeição sartriana das raízes, a filosofia da liberdade, o *a priori* do homem só, a ética da ruptura provêm claramente daí. E, assim, o escritor Sartre revela-se, em parte, o produto dessa França dos notáveis rurais, que ele não se cansará de atacar e de subverter. Essa temática não pode deixar de nos

---

5. Traduzido em francês, *La fin des terroirs, op. cit.*

remeter à virulência extrema[6] do artigo "O sr. François Mauriac e a liberdade" que Sartre publicou em 1939 na *Nouvelle Revue française*,[7] certamente atacando Mauriac enquanto representante literário dessa burguesia do sudoeste francês.

Um texto extraordinário dos *Carnets de la drôle de guerre* repercute esse ódio ao rural: Sartre, então mobilizado no *front* leste, fala da conseqüência da evacuação das populações da Alsácia-Lorena para o sudoeste. "Um dos fenômenos mais curiosos dessa guerra técnica terá sido o transplante metódico dos alsacianos... Foram enviados para junto dos duros limusinos [habitantes de Limoges], os últimos dos homens, atrasados, obtusos, gananciosos e miseráveis. Esses alsacianos, ainda fascinados pela lembrança de seus cultivos metódicos e cuidados, de suas belas casas, vêem-se jogados nesses campos, nessas cidades sujas, de gente desconfiada e feia, suja em sua maior parte. [...] Seus hábitos de limpeza devem ter se chocado com cidadezinhas como Thiviers, onde, ainda há doze anos, o lixo doméstico e os excrementos eram despejados em fossas. O resultado é claro: todos os alsacianos que escrevem na região tratam os limusinos de *selvagens* [...]. Os limusinos, por sua vez, reagem chamando os alsacianos de *boches*. Sem animosidade particular, ao que parece."[8]

---

6. Em *Les Écrits de Sartre*, Michel Contat e Michel Rybalka qualificam o artigo de "desancamento em regra"; Gallimard, 1970, p. 72.

7. *NRF*, nº 35, fevereiro de 1939, p. 212-232; retomado em *Situations I*, Gallimard, 1947.

8. *Carnets de la drôle de guerre, op. cit.*, p. 231-232.

Nesse texto pouco conhecido, escrito por um homem de 34 anos, ressoam tensões jamais extintas. É Anne-Marie Schweitzer chegando a Thiviers, Anne-Marie Schweitzer julgando a família do marido e às voltas com compatriotas estranhos à sua própria cultura. Sartre teve, certamente, uma sensibilidade muito forte para esse tipo de confronto, que ele declinará de inúmeras formas ao longo de sua carreira de escritor. Essa atitude deve ser relacionada com seu ódio ao que ele chama "ideologias de retraimento", a que se referirá mais tarde em *Questões de método*, falando de Jaspers. "Essa ideologia de retraimento exprimia bastante bem, ainda ontem, a atitude de uma certa Alemanha marcada por duas derrotas e a de uma certa burguesia européia que quer justificar os privilégios por uma aristocracia da alma, eximir-se de sua objetividade numa subjetividade requintada e fascinar-se com um presente inefável para não ver seu futuro. Filosoficamente, esse pensamento frouxo e fingido não passa de uma sobrevivência, não oferece grande interesse."[9]

É mais tarde, nas inúmeras tentativas sartrianas de pensar o moderno, de escapar aos quadros demasiado tradicionais da universidade, de buscar nas culturas estrangeiras um recurso e uma fecundação, de denunciar as covardias e os tabus da história coletiva francesa, que se perceberá todo o impacto que essa tensão entre Alsácia e Périgord teve sobre o pensamento do escritor.

---

9. *Questions de méthode*, Gallimard, 1960, p. 22.

CAPÍTULO VI

A onipotência da ferramenta filosófica

À leitura de *As palavras*, nas incoerências cronológicas que subjazem a uma organização controlada, pode-se perceber uma tendência a confundir as pistas da história pessoal, como se o escritor se esforçasse, custando o que custasse, em permanecer sujeito, em perseguir seus perseguidores. Se buscarmos compreender em que momento de sua trajetória Sartre consegue controlar sua própria imagem e tornar-se Sartre, em que momento adota a ferramenta filosófica como ferramenta de onipotência e de apropriação do mundo, e ao mesmo tempo o papel de herdeiro subversivo que nunca mais abandonará, isso ocorre muito cedo, já na Escola Normal Superior [ENS], em março de 1925, quando ele não completou ainda vinte anos.

Nos anos 1920, quando Sartre ingressa na Escola da rua Ulm, esta sofre ainda as seqüelas da guerra de 1914: desorganização na manutenção da disciplina tradicional, agitação entre os alunos, rebeldes a se submeterem após a experiência de vida nas trincheiras, com freqüência marcados pelo sintoma dos filhos sem pai que engendram a si mesmos.[1] Se retomarmos as análises de Daniel Lindenberg sobre as

---

[1]. D. Lindenberg e P.-A. Meyer, *Lucien Herr, le socialisme et son destin*, Calmann-Lévy, 1977.

"utopias normalistas que retornam de geração em geração", como explicar a especificidade da postura sartriana no seio da turma de 1924? Foi por meio das inúmeras horas passadas com seus colegas da ENS, graças a suas fotografias, cartas, diários íntimos, lembranças, e também sua disponibilidade, que tentei reconstruir o ambiente dessa escola no período entre guerras e ali estabelecer, com precisão, o lugar que Sartre então ocupava.

Todos os testemunhos concordam em vários pontos: no grupo dos normalistas da época, em seus últimos anos de formação, Sartre aparece como um indivíduo precoce, como um personagem que forçava a admiração graças ao seu "grande prestígio" (Jean Baillou), "à sua erudição, à sua audácia e à sua força intelectuais" (Georges Canguilhem), a seu carisma: "Ele tinha seu grupo, uma pequena constelação a seu redor" (Olivier Lacombe), à sua força de caráter: "Ele se fez inteiramente, queria ser escritor e só pensava nisso" (Armand Bérard), à sua extravagância: "Sartre era um brincalhão, não inspirava seriedade, confiávamos mais em Nizan" (Henri Guillemin), à sua alegria de viver: "Ele tinha uma cortesia, uma graça e sobretudo uma bela voz que ouvíamos do corredor quando cantava ao tomar sua ducha" (Robert Lucot), a seu humor: "Sartre e Nizan era hilariantes, foram os dois únicos capazes de fazer sorrir meu pai protestante" (Robert-Louis Wagner), a "seu jeito provocador" (Georges Canguilhem), à sua originalidade: "Havia uma 'linguagem sartriana' que consistia em utilizar um tom solene, à maneira de Madame de Ségur, para dizer indecências, mais com o objetivo de surpreender que de chocar" (René Frédet). Todos evocam igualmente sua paixão pela literatura: "Havia um mito em torno do romance de Sartre. Todos falavam dele e sabiam mais ou menos seu conteúdo" (Jean Baillou), pelo cinema: "Ele falava de cinema de um modo muito interessante e tinha o dom de nos fazer descobrir um filme genial numa sala de projeção de um bairro distante" (René Frédet).

Desenvolvendo um pensamento original, englobando todos os campos pelos quais se interessa, Sartre demonstra, já aos dezoito anos, em psicologia, em filosofia, em literatura, em estética, uma forte pregnância de suas próprias categorias de pensamento: "A cada semana, a cada mês, ele tinha uma nova teoria, que me apresentava para discutirmos" (Raymond Aron). A força de Sartre é ter um projeto estético muito forte que instrumentaliza todo o resto, inclusive os outros. Para ele, a filosofia é ao mesmo tempo uma ferramenta de compreensão de si e uma ferramenta de produção literária, o que ele próprio confirmará muitos anos mais tarde. "A partir do momento em que soube o que era a filosofia, pareceu-me normal exigi-la do escritor."[2]

Em 1928, Sartre fracassa na prova escrita de filosofia em seu primeiro exame de conclusão. Primeiro desentendimento entre os defensores da legitimidade intelectual e um dos mais brilhantes de seus herdeiros, que não quis, que não soube negociar com eles. "A dissertação de história da filosofia tinha por

---

2. S. de Beauvoir, *La Cérémonie des adieux, op. cit.* Essa idéia é debatida nas p. 220-250.

tema uma comparação entre Aristóteles e Augusto Comte. O texto de Sartre causou escândalo, Wahl disse que não estava bom" (Raymond Aron). "Seu fracasso é o sinal da completa incompreensão da banca examinadora" (Maurice de Gandillac). Mas, no ano seguinte, Sartre obtém o primeiro lugar, o que ilustra bem a dificuldade de sua posição crítica e criadora em relação ao sistema institucional. "Quando eu tinha 20 anos, em 1925", ele escreverá mais tarde, "era tal o horror à dialética que o próprio Hegel nos era desconhecido [...] Em contrapartida, nos ensinavam minuciosamente a lógica aristotélica e a logística."[3]

A entrada de Sartre no mundo da filosofia se produz imediatamente sob os auspícios da decepção. O sentimento parece partilhado pela maioria dos estudantes diante da instituição filosófica francesa dos anos entre guerras. "Tínhamos todos, uns mais, outros menos, o sentimento de ter conhecido o vazio no ensino da filosofia na França. Era uma conseqüência direta, pensávamos, da guerra de 1914. Sobre a filosofia alemã (e sobre os escritos de Freud, em particular) tínhamos apenas noções fragmentárias. Hamelin nos era mais familiar do que Hegel. Sartre estava decidido a tapar esse buraco e recuperar o atraso" (René Aillet); "Sartre não se interessava muito pela filosofia universitária francesa, por professores como Brunschvicg ou Lalande, era muito hostil aos professores da Sorbonne. Eram homens sem graça, e havia uns tipos lamentáveis

---

3. *Questions de méthode, op. cit.*, p. 22.

entre eles" (Georges Canguilhem); "Sartre e Nizan achavam Bouglé excessivamente claro e se interessavam pelos cursos de psicologia de Delacroix e de Dumas (o mais autoritário dos dois)" (Georges Lefranc).

No mundo filosófico, entre as duas figuras dominantes – Bergson, de um lado, e Brunschvicg, seu inimigo jurado, de outro –, Sartre manifesta uma dupla ruptura, insurgindo-se contra o racionalismo de Brunschvicg em nome do romantismo, atacando o misticismo de Bergson em nome do realismo. Na verdade, Sartre não se reconhece e jamais se reconhecerá no cientificismo positivista, de Augusto Comte a Lucien Herr. Ele busca antes sua inspiração do lado de Bergson, nos pensamentos da criatividade e da liberdade, explorando uma posição muito difícil de manter, que não se quer nem espiritualista nem positivista, defendendo uma filosofia da liberdade totalmente leiga, um bergsonismo de esquerda. Durante toda a primeira etapa de sua vida intelectual, ele entra na filosofia pelo canal da psicologia, dedicando muitas horas em observar os pacientes do hospital Sainte-Anne. Mais tarde ele falará desses episódios: "Minha idéia da subjetividade e meu racionalismo haveriam de se fortalecer, de perder sua magreza. De fato, descubro a loucura em Sainte-Anne, assim como as sociedades primitivas."[4]

Numa época em que a filosofia francesa mergulhava numa institucionalização que excluía qualquer referência a outras culturas (com a exclusão,

---

4. Roteiro inédito: "Sartre dans le siècle" (arquivos Annie Cohen-Solal).

em particular, da filosofia alemã),[5] os estudantes percebem que lhes era interditado todo questionamento de suas formas de elaboração, de investigação e de transmissão, mas também toda abertura ao que outras tradições filosóficas poderiam trazer-lhes. Nessa geração de normalistas, com sua ambição espontânea de chegar a formas de legitimação acadêmica pelos acontecimentos, cria-se aos poucos a idéia de que a verdadeira filosofia está noutra parte, e que é preciso utilizar todos os modos de subversão possíveis para se abastecer de outras tradições. O jovem Sartre coloca-se muito cedo a questão da instituição e pensa que a Universidade francesa submete a exigência filosófica a uma coerção, à dominação de estratégias universitárias e políticas; somente ao preço de uma ruptura com essa tradição é que se poderá restituir à filosofia a dignidade do pensamento.

Não terá sido Sartre o último exemplo de um mundo no qual a filosofia, apoiada numa instituição e em seus funcionários, desempenhava o papel de matriz onipotente, socialmente legitimada, e com o poder simbólico de apropriar-se do conjunto do universo intelectual? Não será ele, proveniente do topo dessa pirâmide, e munido da ferramenta filosófica, ferramenta suprema, que a aplicará a todos os outros campos de produção intelectual e fará crer na perenidade dessa onipotência?

---

5. Essa exclusão foi examinada por C. Digeon em *La crise allemande de la pensée française (1870-1914)*, PUF, e será preciso esperar 1939-1941 para que a *Fenomenologia do espírito* seja traduzida em francês por Jean Hippolyte.

CAPÍTULO VII

O herdeiro subversivo

Todos os depoimentos dos normalistas assinalam a característica de seus comportamentos no interior do grupo: a subversão contra a autoridade. A subversão, a ironia, o brio e a vontade de combater a autoridade estabelecida que Sartre sempre demonstrará surgem, de fato, no cenário desses anos, por volta de 1925.

Os normalistas politizados pertenciam em sua maior parte a um grupo: o dos socialistas, o dos comunistas, o dos "alainianos" pacifistas ou, ainda, o dos valoisianos. "No grupo socialista, éramos uns quinze; nele estavam Aron, Lefranc, Lebail, Baillou, Péret, Péguy, Guyon, Herland, Deixonne e Broussaudier, um dos animadores da esquerda socialista. Aderíamos à Quinta Seção da SFIO [Seção Francesa da Internacional Socialista]" (Émile Delavenay); "Entre os comunistas havia Bruhat, Cogniot e outros; eu era um simpatizante" (Pierre Vilar); "O grupo dos pacifistas era constituído por alunos de Alain; eram tipos tirânicos que ostentavam uma espécie de nietzscheísmo para difamar algumas pessoas, eles perseguiam muita gente [...], comportavam-se como delinqüentes, com atitudes de verdadeira perseguição" (René Frédet). Esse grupo politizado, hegemônico durante um certo tempo, tinha como "guia"

Canguilhem, "um dos mais ativos", o pacifista da escola. Diante dos que se inserem numa legitimidade social e num projeto de integração ("Lebail e eu sabíamos que faríamos uma carreira política", diz Georges Lefranc), Sartre destoa: "Ele era espontaneamente anarquizante" (Raymond Aron); "Sartre era um cínico" (Maurice de Gandillac); "Ele permaneceu a vida inteira infantil do ponto de vista político; aliás, era nulo em história" (Georges Lefranc).

É participando do tradicional teatro de revista anual, e por ocasião de suas inúmeras farsas, que Sartre emprega suas capacidades de subversão.[1] "Antes, demonstrávamos uma amável ironia em relação às autoridades, bem como em relação aos professores, mas sem acrimônia. O tom muda em 1925, e as interações passam a ser muito violentas" (Robert Lucot). A crítica de Sartre contra a instituição manifesta-se a cada espetáculo anual. "Sua alegria de viver explica seu papel preponderante no teatro de revista, ele era o animador, o líder alegre e exuberante de seus colegas" (René Lucot).

Sartre passou a atacar a figura da autoridade por excelência, Gustave Lanson (ele foi diretor da Escola Normal durante um quarto de século), uma personalidade central na construção dos estudos literários na França, que exerceu um peso considerável

---

1. Nesse ponto, convém limitar o alcance do conceito de "geração intelectual" utilizado por Jean-François Sirinelli em *Khâgneux et normaliens dans l'entre-deux-guerres*, Fayard, 1988, e *Deux intellectuels dans le siècle, Sartre et Aron*, Fayard, 1995. Esse conceito mostra-se limitado para explicar a originalidade da posição sartriana.

sobre o mundo universitário. A política instituída por Lanson era sua "resposta à demanda do Estado de dispor de uma tropa de elite capaz de intervir em qualquer frente, munida de sua arma secreta: o domínio do discurso".[2] Mas Lanson tinha igualmente plena consciência de que a função específica da Escola Normal era "menos preencher os quadros do governo do que ser um fermento e elevar o nível".[3] Em *La IIIᵉ République des Lettres. De Flaubert à Proust*, Antoine Compagnon lembra que, por seu artigo "A imortalidade literária"[4], Gustave Lanson representava, na verdade, uma figura duplamente esmagadora para Sartre. Ele comenta: "A imortalidade literária pertence à IIIª República porque a história da literatura francesa [...] constitui um evangelho da pátria"[5]. "Sartre era um entendido em matéria de IIIª República", ele acrescenta, "tendo crescido no tempo de Poincaré, [...] de Fallières, [...] de Herriot, e tendo sido iniciado por seu avô, que votava com os radicais, 'o partido dos funcionários'."[6] A subversão sartriana dirigiu-se totalmente contra a autoridade literária tradicional transmitida por seu avô Schweitzer e representada por Gustave Lanson, num acerto de contas pessoal que começa já nos anos 1920 e que, parece, não terminará jamais.

---

2. D. Lindenberg e P.-A. Meyer, *Lucien Herr, op. cit.*, p. 269.

3. *Ibid.*, p. 269-270.

4. "L'immortalité littéraire", A. Compagnon, *La IIIᵉ République des Lettres. De Flaubert à Proust*, Le Seuil, 1983, p. 95.

5. *Ibid.*, p. 112.

6. *Ibid.*, p. 113.

Em 1927, porém, segundo o testemunho de Pierre Vilar, Sartre "ultrapassou os limites" (a lei Paul Boncour acabava de instituir, com uma preparação militar especial, uma "orientação dos recursos do país no sentido da defesa nacional"). Ele fez primeiro circular uma petição que se opunha a essa lei: "Era o manifesto teórico de Sartre, que dizia: 'Há o direito de impor a alguém ser soldado, mas não ser oficial'. Eu assinei a petição" (Pierre Vilar), que recolheu 64 assinaturas. No teatro de revista anual, Sartre encarnou o capitão Cambuzat – o oficial encarregado da preparação militar na Escola Normal – e redigiu uma canção escandalosa. "Ele introduziu na revista um antimilitarismo agressivo até então desconhecido. O capitão Cambuzat, ele, reagiu com indulgência, mas o diretor da Escola, Gustave Lanson, apresentou-lhe escusas e repreendeu os alunos – seu próprio filho havia morrido durante a guerra de 1914. Sartre respondeu-lhe que, enquanto ele, Lanson, tendo em vista sua idade, estava agora livre da guerra, ele próprio e seus colegas seriam ou seus atores ou suas vítimas. Sartre afirmava assim sua autonomia moral" (René Lucot). Os alunos foram repreendidos, o ministro fez um relatório, artigos em *L'Oeuvre* e em *La Victoire* mostraram o alcance do incidente e, no *Bulletin de l'Association des Amis de l'ENS*, pôde-se ler: "Os jovens normalistas foram além da medida".

Em suas provocações e em seus múltiplos ataques contra a autoridade nesses espetáculos estudantis, Sartre mostrou sua afeição pelo "sentimento de clã, com um vocabulário hermético na tradição de Jules Romains" (Baillou). Não representam seus anos de Escola Normal o cadinho de sua formação política? Com efeito, ele aparece ali como herdeiro subversivo, membro de um grupúsculo anarquizante, organizador de todos os espetáculos, criador de um cenáculo de irreverência, numa postura que se estenderá pela vida inteira. Paradoxalmente, a relação de Sartre com o político permanece de acordo com um certo paradigma da filosofia francesa que, contrariamente à tradição alemã, sempre se deu o direito de dizer sua palavra no momento político. Nesse sentido, ao mesmo tempo em que põe em prática, pela primeira vez, suas capacidades de subversão, Sartre representa também uma postura francesa tradicional. Compreendem-se assim, a recusa da carreira universitária e, mais tarde, a exigência de chegar às fronteiras, de ir até Berlim para ver o que se passa às margens da filosofia no presente, compreendem-se a crítica da instituição filosófica e a escolha de explorar caminhos mais conformes à exigência de pensar o presente. Tomar esses caminhos significa, para ele, a exploração de outras formas discursivas, como a crítica literária da poesia de Mallarmé, as canções, as peças de teatro e os romances, como a evasão rumo a formas estéticas então emergentes e não-legitimadas, como o cinema, em relação ao qual ele tenta, já naqueles anos, oferecer uma conceitualização estética.[7]

Nessas descrições de um Sartre de vinte anos em sua postura de herdeiro subversivo já se encon-

---

7. Apologie pour le cinéma. Défense et illustration d'un art international, *Écrits de jeunesse*, Gallimard, 1990, p. 388-404.

tra o rebelde insolente a toda forma de autoridade que vemos despontar, o opositor ao general de Gaulle dos anos 1950, o opositor aos Estados Unidos da América dos anos 1960, o protetor dos grupos maoístas dos anos 1970.

CAPÍTULO VIII

Exploração das margens e das culturas estrangeiras, a crise dos anos 1930

O período dos anos 1930, o mais desconhecido talvez da trajetória sartriana, é interessante sob muitos aspectos. É um período de crises sucessivas, durante o qual se elaboram ao mesmo tempo a visão de mundo e a obra filosófica e literária, assim como a ética do escritor. Colocando-se de saída num outro plano, ele sociologiza sua recusa social da autoridade e constrói uma contra-sociedade alternativa de ponta a ponta, numa negação de seu meio que não negocia compromissos sob qualquer ponto de vista, que não aceita nenhum funcionamento institucional, numa concepção de mudança social que começa por ele mesmo. São, em primeiro lugar, as recusas: recusa da profissão de professor praticada de maneira convencional, recusa da hierarquia do liceu, recusa da burguesia do Havre, recusa do papel de esposo, recusa do estatuto de proprietário, recusa inclusive do de cidadão, pois ele não vota e observa à distância, retraído, as grandes greves de 1936 (está com 31 anos!). Pode-se falar, portanto, de um despertar para o mundo particularmente tardio.

Sartre é então um personagem muito antiinstitucional, fundamentalmente libertário e irrespeitoso, situando-se já nessa época no debate dos modos de vida cotidianos praticado por uma grande corrente libertária anarcossindicalista. Ele nunca abandonará essa atitude e, mais tarde, detestará as relações hierárquicas de professor a aluno, não reconhecerá dívida a ninguém, não estabelecerá diálogo algum com seus contemporâneos, enunciará sua verdade por discursos violentos e subversivos e recriará a partir do zero os modos de vida cotidianos, num funcionamento radicalmente desviante (poligamia, relação com o dinheiro, etc.). Nessa construção microssocial alternativa, Sartre será um personagem muito monolítico do início ao fim de sua trajetória, ainda que não cesse de afirmar que muda o tempo todo, construindo seu próprio mito da mudança.

Seu projeto do homem só, de um individualismo radical, tem suas raízes numa filosofia do sujeito. Já em 1930, no seu texto *La légende de la vérité* [*A lenda da verdade*], que toma por alvo a Universidade francesa e vitupera os "filósofos, esses funcionários da República", ele enaltece o indivíduo solitário que se opõe à sociedade pela independência de seu pensamento. Com obstinação, levará adiante essa reflexão escrevendo um texto tão abrasivo (*Factum sur la contingence* [*Libelo sobre a contingência*], depois chamado *Melancholia* e, finalmente, *A náusea*), que terá necessidade de intérpretes para negociá-lo no plano tanto intelectual (Simone de Beauvoir) quanto editorial (Nizan, Bost e outros). É um Sartre que, não tendo ainda conseguido fazer reconhecer a força de sua escrita, não vai além de uma função estética e teórica.

A primeira versão do *Factum sur la contingence* já mostra bem tudo o que ele adquiriu da experiência no Havre, entrançando os temas que vão se desenvolver e afirmar na segunda e depois na terceira versão: a "verossimilhança", categoria por excelência do pensamento burguês e dos *"salauds"* [porcos], a crítica do humanismo – que se transformará numa página magistral e inesquecível –, a redução da memória a uma ficção verdadeira, a ilusão da aventura; enfim, e sobretudo, a percepção da existência e da contingência, numa experiência-limite, antes da catástrofe da hiperlucidez e da loucura.

Nos *Carnets de la drôle de guerre*, ele relata a depressão na qual mergulhou então. Por que essa depressão? Seria por causa de um rito de passagem, a passagem à idade adulta? O preço a pagar por seu modo de vida desviante, por seu projeto literário tão incongruente e difícil de compreender que foi recusado várias vezes pelos editores? Não somente: tudo isso é acompanhado de uma história de amor fracassado com Olga (uma aluna de Simone de Beauvoir), que o rejeita violentamente, e também da complicação de um projeto que acaba por desestabilizá-lo: a redação de um livro, *L'Imagination* [*A imaginação*], no qual, por razões científicas, ele busca compreender a natureza da imagem nos sujeitos alucinados. Ele pede então a seu colega Daniel Lagache para ajudá-lo a experimentar o fenômeno das alucinações visuais por meio da mescalina. "Três pequenas nuvens paralelas apareceram à minha frente", ele conta em *A imaginação*. "Esse fenômeno desapareceu naturalmente assim que busquei apreendê-lo [...] havia, na maneira como essas três pequenas brumas se ofereciam à minha lembrança, logo após terem desaparecido, algo de inconsistente e de misterioso, que apenas traduzia, ao que me parece, a existência dessas espontaneidades liberadas *nas bordas* da consciência."[1]

Série de crises existenciais e patológicas controladas e depois sublimadas pela literatura: Sartre afunda e volta à superfície, para finalmente sair delas, explorando todo tipo de margens, exorcizando essas tentações, num movimento voluntário para lutar contra sua própria loucura, negociando com ela, estetizando-a e sublimando-a, realizando apesar de tudo seu projeto literário e produzindo *Le Mur* [*O muro*] e *A náusea*.

Se ele consegue sair delas, é também graças a uma exploração sistemática para além das fronteiras culturais francesas, uma exploração de outras culturas nas quais encontra uma legitimação a suas próprias interrogações. O que ele questiona, acima de tudo, é a pertinência das ferramentas intelectuais oferecidas por sua própria cultura e sua própria formação, em relação à urgência de decifrar o mundo. É alhures, em Husserl, em Dos Passos, em Hemingway e em Faulkner, mas também em Virginia Woolf e James Joyce, que ele encontra justificações para suas buscas.

Mais tarde, comentando esse período, ele falará da "verdadeira revolução" que foi para ele a descoberta dos romancistas norte-americanos e a mudança que ela provocou em seu próprio panorama cultural. "O que despertou nosso entusiasmo nos romancistas recentes que mencionei é a verdadeira

---

1. *L'Imagination*, PUF, 1936, p. 201-202.

evolução que eles operam na arte de contar uma história. A análise intelectual que há mais de um século era o método aceito para tratar um personagem de romance não passava de um velho mecanismo mal-adaptado às necessidades do tempo. Ele se opunha a uma psicologia sintética que nos ensinava que um fato psicológico constitui um todo indivisível. Ele não podia ser utilizado para descrever um conjunto de fatos que se apresentavam como a unidade, efêmera ou permanente, de um grande número de percepções."

Particularmente crítico em relação a uma tradição literária que recusa levar em conta o presente, ele prossegue: "As nuvens se amontoavam acima de nossas cabeças. Lutavam na Espanha, os campos de concentração se multiplicavam na Alemanha, na Áustria, na Tchecoslováquia. Havia ameaça de guerra em toda parte. No entanto, a análise literária à maneira de Proust, de James continuava sendo nosso único método literário, nosso procedimento favorito. Mas podia ela levar em conta a morte brutal de um judeu em Auschwitz, o bombardeio de Madri pelos aviões de Franco? Eis que uma nova literatura nos apresentava seus personagens de forma sintética. Ela os fazia efetuar sob nossos olhos atos completos neles mesmos, impossíveis de analisar, atos que era preciso apreender completamente com toda a força obscura de nossas almas. [...] Os heróis de Hemingway e de Caldwell jamais se explicam, não se deixam dissecar. Apenas agem. [...] São vivos porque irrompem subitamente como de um poço profundo. Analisá-los seria matá-los."

Percebe-se bem a violência com que Sartre questiona todas as conquistas da tradição literária francesa. Com sua fórmula "analisá-los seria matá-los", é como se ele reivindicasse a salvação de seus personagens por seus atos, como se apenas as técnicas inventadas pelos novos romancistas norte-americanos pudessem doravante remediar a situação. "Há muito utilizávamos certas técnicas para fazer os leitores compreenderem o que se passa nas almas de nossos personagens", ele escreve ainda. "Escrevíamos sem hesitação: 'Ele pensou: Com o calor que faz, como conseguirei escalar a colina?' Ou então utilizávamos o estilo 'indireto' introduzido em nossa literatura por Flaubert, segundo alguns, por La Fontaine, segundo outros: 'Paulo caminhava com dificuldade. Fazia calor. Ó deuses, como teria ele a força de escalar a colina?' Ou ainda esta técnica recentemente emprestada da Inglaterra, à imitação de Joyce: 'Um, dois, um dois, o calor terrível e eu – a colina – como chegarei lá...?' Esses diferentes artifícios, igualmente verdadeiros ou igualmente falsos, nos permitiam revelar apenas o que o personagem dizia conscientemente a si mesmo. Eles omitiam necessariamente toda a zona obscura onde proliferam os sentimentos e as intenções, sentimentos e intenções que não são expressos por palavras."

Diante dessas descobertas, Sartre torna-se às vezes enfático ao afirmar: "Os escritores norte-americanos nos libertaram dessas técnicas obsoletas", dando a seguir uma longa lista de exemplos.

"Faulkner escolhe [...] apresentar seus heróis do exterior, quando têm a consciência completa, e nos mostrar em seguida as profundezas de sua alma – quando nela nada mais resta. Assim ele dá a ilusão de que tudo que os faz agir se encontra abaixo do nível da consciência clara. Dos Passos, para nos fazer perceber mais vivamente a intrusão do pensamento do grupo nos pensamentos mais secretos de seus personagens, inventou uma voz social, banal e sentenciosa, que não pára de tagarelar em torno deles, sem que jamais saibamos se se trata de um coro de mediocridade conformista ou de um monólogo que os próprios personagens mantêm encerrado em seu coração."

Aproximando enfim sua análise da evolução das grandes descobertas científicas e retomando sua paixão manifesta pelo novo, ele termina: "Todos esses procedimentos eram novos para nós em 1930, e foram eles que primeiro nos seduziram. Tem mais: assim como Riemann e Lobatchevsky traçaram o caminho que permitiu a Russel e a outros revelar os postulados que estão na base da geometria euclidiana, esses autores americanos nos ensinaram que o que tomávamos como leis imutáveis da arte do romance não passava de um grupo de postulados que se podia deslocar sem perigo. Faulkner nos ensinou que a necessidade de contar uma história na ordem cronológica é apenas um postulado e que se pode contar a história em qualquer ordem, a partir do momento em que ela permitir ao autor avaliar as situações, o ambiente e os personagens.

"Dos Passos nos ensinou a falsidade da unidade de ação. Ele mostrou que se pode descrever um acontecimento coletivo justapondo vinte relatos individuais sem relação entre si. Essas revelações nos permitiram conceber e escrever romances que são para as obras clássicas de Flaubert e de Zola o que a geometria não-euclidiana é para a velha geometria de Euclides. Em outros termos, a influência dos romances americanos produziu em nós uma revolução *técnica*. Eles puseram em nossas mãos novos instrumentos, instrumentos flexíveis, que nos permitem abordar temas que até então não tínhamos meio algum de tratar: o inconsciente, os acontecimentos sociológicos, a verdadeira relação entre o indivíduo e a sociedade, presente ou passada."[2]

Nesses anos, para Sartre, depois dos Estados Unidos, a segunda grande fonte de renovação é a Alemanha, fortíssima exportadora de modelos culturais e que representa uma verdadeira galáxia intelectual (literatura, poesia, filosofia, como no século 18, quando Voltaire se abastecia na Prússia, na Inglaterra, na Suécia). Sua primeira efetiva viagem de estudo é a Berlim: ir à Alemanha, para ele, é fazer a grande peregrinação cultural rumo ao pensamento germânico, como uma base fundadora.

Em 1933 e 1934, em Berlim, dá-se portanto a descoberta da fenomenologia, por meio da leitura de Husserl e depois de Heidegger, que renovam e fecundam seu pensamento filosófico. Três anos mais tarde, ele redige, em menos de três meses, quatrocentas páginas de um tratado filosófico em torno do pensamento de Husserl e, no ano seguinte, a pedido de Paulhan, escreve uma pequena nota sobre

---

2. Les romanciers américains aux yeux des Français, *Atlantic Monthly*, vol. 178, nº 2, agosto de 1946.

Husserl: "Caro senhor e amigo, a fenomenologia é uma filosofia técnica e é bastante difícil apresentar um de seus aspectos ao público sob uma forma literária: não me gabo de ter conseguido isso. Mas, enfim, fiz o que pude. Faça desta nota o que bem entender, caro senhor. Se acha que deve ser publicada, tudo bem; mas, se jogá-la no cesto de lixo, não estará ferindo em mim nenhum orgulho de autor..." A humildade de Sartre deve ter divertido Paulhan, ainda mais que o artigo, publicado na *NRF* [Nouvelle Revue Française] em janeiro de 1939 e escrito com uma densidade luminosa e elegante, possuía uma rara felicidade de expressão. "Husserl reinstalou o horror e o encanto nas coisas, restituiu-nos o mundo dos artistas e dos profetas: assustador, hostil, perigoso, com enseadas de graça e de amor [...]. Não é num retiro, seja lá qual for, que nos descobriremos: é na estrada, na cidade, no meio da cidade, coisa entre as coisas, homem entre os homens."[3]

O que há de notável é o eco que o reconhecimento, por um Jovem Sartre ainda desconhecido mas obstinado e exigente, terá tanto em Faulkner – desconhecido e mal-amado em seu próprio país, e que sentirá sempre uma infinita gratidão em relação a Sartre – e em Heidegger – que, mais tarde, após a leitura de *O Ser e o Nada*, lhe escreverá: "Pela primeira vez, encontro um pensador independente, que fez a fundo a experiência do domínio a partir do qual penso. Seu livro mostra uma compreensão

---

3. Une idée fondamentale de la phénoménologie de Husserl: l'intentionnalité, *NRF*, nº 304, janeiro de 1939, p. 129-131; retomado em *Situations I*, Gallimard, 1947.

imediata de minha filosofia, tal como ainda não a encontrei."[4]

Uma tal filosofia do homem só, de que maneira ela irá resultar numa filosofia do homem engajado em 1945? Será preciso a experiência da guerra, a experiência do jornalismo nos Estados Unidos da América,[5] para lançar Sartre no banho do real e retirá-lo de sua bolha; com uma percepção nova da política, de seu lugar na política, ele irá infletir radicalmente sua perspectiva individual, alargar seu campo de intervenção, dispor de novos recursos, desenvolver uma prática, descobrir a função polêmica com um projeto intelectual totalizador, naquilo que será sempre uma das grandes constantes de seu pensamento até a morte.

---

4. Carta de 28 de outubro de 1945.
5. Ver A. Cohen-Solal, "Sartre et les États-Unis", "Une série d'aventures en Amérique", catálogo *Sartre* da BNF, Gallimard, e BNF, março de 2005.

CAPÍTULO IX

"A única maneira de aprender é contestar."
Uma outra concepção de transmissão do saber

Falei anteriormente da emoção que marcou os debates sobre a obra sartriana nos anos posteriores ao desaparecimento do escritor. As testemunhas mais calorosas, os primeiros que insistiram em transmitir-me o impacto de um excepcional pedagogo chamado Jean-Paul Sartre, foram seus alunos, todas as turmas de seus alunos. Os do liceu Francisco I, no Havre, os do liceu de Laon, os do liceu Pasteur, em Neuilly, ou os do liceu Condorcet, em Paris, aqueles nos quais, de 1931 a 1944, ele lecionou filosofia. Desde o primeiro dia em que pôs os pés numa sala de aula, em março de 1931, Sartre lançou-se decididamente numa prática pedagógica nova, que desafiava todas as práticas, todos os hábitos, todas as administrações, todas as convenções, que era igualmente uma máquina de subversão contra a autoridade e a hierarquia dos estabelecimentos nos quais ensinava.

Desde os 25 anos de idade, ele tornou-se, para a primeira turma de seus alunos da cidade do Havre, o mais inesperado dos pedagogos. Contrariando os costumes de seus colegas, fumava cachimbo – era raro –, vestia um pulôver sem gravata – era insólito –, entrava a passos rápidos na classe e punha-se imediatamente a falar sem anotações, com as mãos nos bolsos, sentado sobre a escrivaninha ou andando pelo meio da classe. Abordava seus alunos sem a menor preocupação hierárquica, falando-lhes "como a adultos, e não como a garotos", de santo Anselmo e das doenças mentais, de Kant e dos burgueses do Havre, iniciando-os ao cinema, disputando com eles partidas de pingue-pongue, prosseguindo as discussões depois da aula no café, no inverno, ou na praia, na primavera, incitando-os a ler romances policiais e romances norte-americanos.

"Não era tanto dos primeiros da classe que eu gostava", ele dirá mais tarde, "eu me interessava sobretudo pelos que tinham idéias, uma reflexão incipiente, pelos que não estavam prontos, mas em construção".[1] Aí se reconhece bem o interesse permanente de Sartre pelos que estão se construindo, buscando, sua cumplicidade com a adolescência, com todas as adolescências, e seu apoio incondicional aos que se situam à margem (da instituição, do Estado, do poder e de toda norma, seja qual for). No liceu de uma cidade como o Havre, com diferenças sociais muito marcadas entre "os da Costa", em Sainte-Adresse, cujas belas casas, sobre a falésia, dominavam a cidade, e os dos bairros pobres junto ao porto, misturavam-se filhos de armadores e filhos de estivadores. Bem mais tarde, em maio de 68, analisando a crise da Universidade, Sartre voltou a este ponto: "É preciso que os professores se dêem por tarefa não mais identificar entre a massa de seus estudantes os que lhes parecem dignos de integrar uma elite, mas fazer a massa inteira chegar à cultura. Isso supõe evidentemente

---

1. S. de Beauvoir, *La Cérémonie des adieux, op. cit.*, p. 332.

outros métodos de ensino. Supõe interessar-se por todos os estudantes, tentar fazer-se compreender por todos, escutá-los tanto quanto se fala a eles [...]."[2]

Os testemunhos de seus primeiros alunos do Havre permanecem marcados por detalhes precisos, sinais do choque desse primeiro contato: "'– Vocês virão aqui com o mínimo de bagagens, caneta, lápis, cadernos sendo os instrumentos essenciais e suficientes.' Tais foram as instruções do professor que, desde então, manteve-se junto a nós, estabelecendo um debate, solicitando nossas questões. Portanto, nada de curso magistral, nem mesmo uma conferência, mas uma espécie de conversa", escreveu-me Robert Marchandeau. "Seus métodos eram revolucionários: ele negligenciava a preparação do *baccalauréat* [exame de conclusão do Segundo Grau] e preferia dedicar-se a formar os espíritos, do que ninguém se queixava, a tal ponto ele cativava sua audiência; quanto aos deveres, pegava ao acaso um da pilha e o fazia ler por um aluno, pedia a opinião geral, e assim o dever recebia a nota do conjunto da classe", diz Pierre Brument. "Com Sartre havia o questionamento das idéias aceitas, o desenvolvimento do espírito crítico, a exigência de um pensamento pessoal, na honestidade intelectual. Era a modernização do pensamento de Terêncio, *Nil humani a me alienum puto*, que faz de todos os homens não apenas seres solidários, mas sobretudo seres coletivamente responsáveis. O curso de moral dava-lhe a ocasião de se exprimir, pois, após apresentar sobre

---

2. *Situations VIII*, Gallimard, 1972, p. 191.

um problema as diversas teses opostas – o que era suficiente para passar no exame –, ele nos dizia a seguir o que ele próprio pensava a respeito, e isso era apaixonante porque toda a classe discutia idéias cuja novidade e o caráter não-conformista nos surpreendiam; ele me deu o gosto pela literatura francesa, pela literatura estrangeira, pelo cinema", explicou-me, por sua vez, Jean Giustiniani.

Quanto ao arquiteto Jean Balladur, que foi seu aluno no liceu Condorcet no ano letivo de 1943-1944, ele não cessou de pesquisar suas próprias anotações de aula, de fotocopiá-las, de transcrevê-las, fornecendo um trabalho colossal para fazer-me compreender o teor singular da mensagem sartriana e circunscrever o personagem. Numa de suas cartas, ele escreveu: "Para mim, é impossível compreender o comportamento político de Sartre se fizermos dele um 'homem de letras', um 'homem de teatro', quando fundamentalmente o 'homem' Sartre era primeiro e 'essencialmente' um filósofo. [...] Não entendo por filósofo um professor de filosofia, um especialista, um autor filosófico; mas um homem para o qual a 'idéia' do mundo é indissociável da marcha do mundo; para o qual o mundo tem, portanto, um 'sentido'. Esse sentido, ele não apenas o penetra pelo pensamento, mas o encarna em sua própria subjetividade [...]. Sartre não era nem um ingênuo nem um cínico. Era um filósofo. Sua maneira de 'ser' era engendrada por sua maneira de pensar a realidade".

Como pedagogo, Sartre lançou-se deliberadamente numa prática que poucos ousam instalar com tanto atrevimento e coragem. Revisando de maneira radical todos os *a priori* da cultura tradicional, ele afirmou o primado da situação vivida sobre o arbitrário da tradição e do passado, decretando artificial a organização hierárquica da instituição que ele representava, e impôs seu próprio projeto alternativo sem avisar, primeiro na sala de aula, depois diante dos espectadores reunidos inocentemente à espera de uma cerimônia ritualizada, arquétipo da celebração da tradição, durante a distribuição de prêmios para a qual, em julho de 1931, em razão de sua jovem idade e de sua legitimidade intelectual, recebera o insigne privilégio de pronunciar o discurso de praxe. Como não se deter num dos grandes momentos dessa primeira entrada em cena pública da prática sartriana?

Nos arquivos do liceu do Havre, sob o cabeçalho convencional "Academia de Caen, liceu do Havre", ocultava-se um texto intitulado "Distribuição solene dos prêmios, 12 de julho de 1931. Discurso do sr. Sartre, professor de filosofia". Um discurso ao qual muitas testemunhas interrogadas já haviam aludido como um acontecimento memorável que havia aterrorizado pais e deslumbrado alunos: um discurso-escândalo. Sem a menor censura, sem o menor escrúpulo, sem a menor reticência, diante dos oitocentos espectadores de uma das cerimônias mais ritualizadas da sociedade francesa, diante dos que ali representavam o poder do Estado, a hierarquia da província e do liceu, Sartre, o mais prestigioso dos professores, vai praticar a subversão com um virtuosismo, uma firmeza e uma arrogância excepcionais.

Em Maio de 68, interrogado sobre as condições da revolta dos estudantes e sobre as especificidades de sua prática pedagógica, Sartre respondeu simplesmente: "Eu me sentia bem mais 'soberano' quando obtinha o silêncio fazendo um discurso de distribuição de prêmios tendo o prefeito à minha esquerda, o diretor do liceu à minha direita, diante de ginásios petrificados". O que Sartre recusa deliberadamente é o pressuposto de poder que lhe confere sua legitimidade intelectual, é a hipocrisia de toda uma organização hierárquica que ele se diverte em pôr abaixo publicamente como um castelo de cartas. Imperdoável Sartre, que se torna uma máquina de provocação, uma máquina de guerra contra a convenção de circunstância, contra essa hipocrisia pesada e mortífera, esse respeito forçado às instituições e ao passado. Imperdoável Sartre, que monta uma armadilha ao sistema do qual provém, ao sistema que o sacramenta. Imperdoável Sartre, por trair sua posição social e por ser cúmplice dos adolescentes, defendendo seus valores, a cultura do presente, a "verdadeira cultura", a que está por fazer, Sartre que decreta seu projeto de dessacralizar o respeito passivo aos antigos, aos objetos sugeridos pelo mestre, e sua escolha de uma exploração ativa do espaço contemporâneo.

Pode-se imaginar o que representava o cinema em 1930, numa cidade de província francesa? O próprio Sartre lembra as palavras de Anatole France: "O cinema materializa o pior ideal popular [...] não se trata do fim do mundo, mas do fim da civilização". Ao que ele reage, tomando partido em favor dessa arte que há muito representa uma de suas paixões, e aproveitando a ocasião para desafiar publicamente o que chamará mais tarde de "falsa cultura". "O cinema é uma arte que reflete a civilização de nosso tempo", afirma. "Eis aí uma arte muito familiar, intimamente ligada à nossa vida cotidiana. Entra-se nas salas de projeção como o vento; ali se fala, se ri, se come: nenhum respeito por essa arte popular, ela não possui a majestade que era a metade do prazer proporcionado pela arte teatral a nossos antepassados: é ingênua e bem mais próxima de nós. Se pudessem provar que o cinema é realmente uma arte, só teríamos a nos felicitar pela transformação dos costumes [...].

"Parece-me que esse desrespeito total de vocês pela arte cinematográfica e essa maneira fácil de servir-se dela são bem mais proveitosos do que uma mistura de admiração estática, de perturbação dos sentidos e de horror sagrado. De nossos grandes autores clássicos lhes foi dito, com demasiada insistência, infelizmente, que eram artistas: vocês desconfiam de suas belas frases, pretextos para mil questões insidiosas. E aos poucos, sem perceberem, retiram de seu convívio um benefício que apreciarão mais tarde. Mas é bom que, em algumas salas escuras, longe dos professores e dos pais, vocês possam encontrar uma arte discreta com a qual não lhes martelaram os ouvidos, uma arte que ninguém pensou em dizer-lhes que era uma arte, diante da qual, em suma, são deixados em estado de inocência. Pois essa arte penetrará em vocês antes que as outras, e é ela que docemente os fará amar a beleza sob todas as suas formas [...].

"Afirmo que o cinema é uma arte nova, que tem suas leis próprias, seus meios particulares, que não se pode reduzi-lo ao teatro, que ele deve servir a cultura de vocês da mesma forma que o grego ou a filosofia [...]. Ora, esse universo novo, eu digo que nele se reconhecerão muito bem: vocês adquiriram uma habilidade especial em se orientar no dédalo de suas intrigas, de seus símbolos e de seus ritmos. Vi homens cultos se perderem por não terem freqüentado as salas de projeção. Mas vocês que as freqüentam, embora talvez ainda não saibam dar forma a suas impressões e pensamentos, vocês estão completamente à vontade aí, sem decepções, sem nada deixar escapar.

"Seus pais podem ficar tranqüilos: o cinema não é uma escola ruim. É uma arte de aparência fácil, extremamente difícil no fundo, e muito proveitosa se bem compreendida: é que ela reflete, por natureza, a civilização de nosso tempo. Quem lhes ensinará a beleza do mundo onde vivem, a poesia da velocidade, das máquinas, a inumana e esplêndida fatalidade da indústria? Quem, senão a "sua" arte, o cinema? Continuem a freqüentá-lo. Mas é um divertimento para os dias de chuva; tenham, antes, umas boas férias!"[3]

Mais tarde, interrogado sobre seus próprios anos de estudo, Sartre desmantelou de maneira simples e clara o sistema prestigioso no qual fora formado: "Os professores eram muito medíocres", explicou. "Não tinham nada a nos dizer... O princípio mesmo do curso magistral era indefensável... Nizan não conseguia respirar nesse sistema concebido para perpetuar um monopólio do saber."[4] Diante da coe-

---

3. Arquivos Annie Cohen-Solal.
4. *Situations IX*, p. 130-131.

rência de seu discurso e de sua prática, diante da segurança na afirmação de suas convicções, não podemos deixar de nos interrogar sobre os próprios anos de formação do Sartre criança, de recordar o tipo de ensino particularmente atípico que ele próprio recebeu e do qual nos fornece alguns elementos em *As palavras*.

Sabemos que, órfão de pai aos onze meses de vida, ele foi educado em Paris pela mãe, Anne-Marie, e pelos avós maternos. Até os dez anos de idade, longe dos bancos escolares, recebeu como única instrução a de seu avô, Charles Schweitzer (1844-1935), que, já aposentado, retornou ao serviço para educar o neto, como ele explica numa carta a um parente: "Tornei-me mestre-escola de meu netinho, a quem ensino, aprendendo-as eu mesmo, história e geografia. Nada é tão delicioso como cultivar, semear essas pequenas inteligências". Professor titular de alemão, autor de *Deutsches Lesebuch*, um método experimental de aprendizagem do alemão utilizado em todos os liceus da França, Schweitzer foi um dos grandes pedagogos da IIIª República. Em 1891, com um de seus colegas alsacianos, Jean-Baptiste Rauber, ele já havia fundado a "Sociedade para a Propagação das Línguas na França", com o objetivo de democratizar o ensino das línguas estrangeiras, desenvolvendo a aprendizagem da língua falada por meio do primado da cultura sobre a gramática, e também combatido para fazer triunfar suas idéias na Universidade.

A formação recebida pelo jovem Sartre inscreve-se, portanto, na linha dessa pedagogia experimental promovida pelos protestantes liberais, os quais marcaram os primeiros anos da IIIª República a ponto de o período ser qualificado de "a idade de ouro do protestantismo". Nesse período, Jules Ferry cercou-se de um grupo de especialistas, todos protestantes liberais, como Félix Pécaut e Ferdinand Buisson, promoveu-os a inspetores gerais do ensino primário e permitiu-lhes que se tornassem, sob sua égide, os organizadores do famoso *Dictionnaire pédagogique*, em 1879. Essa verdadeira bíblia do ensino primário, oposta ao ensino mecanicista e conservador das congregações católicas, fundada sobre a autoridade do professor, desenvolvia todas as crenças e os valores caros aos protestantes liberais: confiança no futuro, no livre-arbítrio da criança, na Razão, na História e na Natureza. "Enquanto nosso ensino secundário e primário remonta quase à Idade Média", explicava Bréal, "a organização de nosso ensino primário, em toda parte onde se estabeleceu antes do século 20, é filho (*sic*) do protestantismo."

Se a carreira pedagógica de Sartre termina, propriamente falando, em 1944, sua proximidade aos adolescentes se mantém. Quanto a seu interesse pela transmissão do saber, é nos acontecimentos de Maio de 68 que ele se mostra com mais clareza, num momento em que, mais afastado do que antes da cena intelectual, escrevia seu Flaubert. É então que vemos mais uma vez, nesse domínio, a coerência absoluta da postura sartriana, irredutível à idade, aos poderes, às honrarias, à celebridade – do discurso de distribuição de prêmios no liceu do Havre à sua intervenção na Sorbonne em maio de 68, durante cerca de quatro décadas, a mesma denúncia radical do meio elitista do qual proveio e da posição de "poder de direito" detida por alguns de seus pares.

Embora Sartre fosse pouco citado pelos líderes do movimento de Maio (em comparação a Marcuse, Illich e outros), ele foi uma referência, um personagem que vinham consultar, e todas as suas declarações da época mostram um homem de 63 anos totalmente afinado com o movimento de Maio. "Quando eu tinha vinte anos", ele declarou então, "já protestávamos contra o sistema dos cursos *ex cathedra*. Mas éramos poucos [...]. Achávamos que os livros eram melhores que os cursos – era verdade – e nossa maneira de manifestar isso era simplesmente não assistir aos cursos [...]. Hoje é completamente diferente [...] há muitos estudantes que nem sequer vêem o professor. Ouvem apenas, por meio de um alto-falante, uma figura totalmente inumana e inacessível a despejar um curso que eles não compreendem que interesse lhes possa ter. O professor de faculdade é quase sempre – também era assim no meu tempo – um senhor que fez uma tese e a recita pelo resto da vida. É também alguém que possui um poder ao qual se apega ferozmente: o de impor às pessoas, em nome de um saber que acumulou, suas próprias idéias, sem que aqueles que o escutam tenham o direito de contestá-las. Ora, um saber que não é constantemente criticado, que se ultrapassa e se reafirma a partir dessa crítica, não tem nenhum valor."[5]

Numa análise que parece originada em seu dis-

---

5. *Situations VIII*, p. 184-186.

curso do Havre, o vigor de seus ataques contra o sistema de mandarinato faz ressoar seu atrevimento dos anos 1930. "Temos hoje, na universidade, essas ilhotas ridículas que são os cursos *ex cathedra* feitos por senhores que jamais se contestam." E, dirigindo-se a seu colega da Escola Normal Superior em frases de uma virulência excepcional, ele afirma: "O poder, segundo Aron, deve ser transmitido de professor a professor, de adulto a adulto. Deve ser conferido do alto, assim como eram os nobres, no Antigo Regime, não os burgueses, que tinham o poder de enobrecer alguém [...]. É esse o ensino incontrolado e incontrolável que nos davam e nos dão ainda hoje. Por isso é necessário que estudantes, não apenas do ano de estudo em curso, mas do ano seguinte, estejam lá para corrigir, se preciso, um erro, para compensar um movimento de humor, e que o professor saiba que é julgado ao mesmo tempo que julga. Tudo está aí: se quem julga não é ele próprio julgado, não há verdadeira liberdade".[6]

O que se observa nessas afirmações é o estabelecimento da oposição entre "poder concedido" e "poder de direito", numa concepção de um saber ideal que não cessa de questionar-se de forma crítica, ilustrada pela análise das condições de suas intervenções recentes.

Imperdoável Sartre que, munido de todos os títulos possíveis conferidos pela instituição, resolve levar adiante seu trabalho de sapa dessa mesma instituição, obstinado, radical e conseqüente, pactuando

---

6. *Ibid.*, p. 188-190.

mais uma vez com a postura adolescente, elevando-a à condição de única postura válida. "A única maneira de aprender é contestar", diz ele ainda, nessa época. "É também a única maneira de tornar-se um homem [...]. Um intelectual para mim é isto: alguém que é fiel a um conjunto político e social, mas que não cessa de contestá-lo."[7]

Essa disponibilidade permanente ao outro em sua vulnerabilidade e em sua busca aparece em alguns documentos privados. Sartre (talvez não se saiba o bastante a esse respeito) respondia sempre presente aos apelos anônimos, às solicitações de um apoio, de um prefácio, de uma ajuda financeira, numa prática que foi mantida nos bastidores, com naturalidade e constância, e sem a menor publicidade. Assim, num dia de maio de 1969, fui procurar Sartre para falar de Nizan. Foram duas horas singulares de conversa: primeiro ele respondeu a minhas perguntas, depois me interrogou, de maneira simples, cortês, sobre minhas origens, minha vida, meus estudos. Sentado num banquinho alto, junto à janela, ele falava rapidamente, com uma voz bem timbrada e calibrada, mas buscando, às vezes muito longamente, a frase exata, a palavra justa, como para recuperar a precisão de suas lembranças sobre Nizan. Uma vez ou duas, durante a conversa, sugeri uma palavra, uma fórmula, que ele aceitou de bom grado e se apropriou para terminar de compor sua idéia e sua frase. Essa construção a dois, essa elaboração em diálogo com ele, me surpreendeu e me deu, naquele dia, um

---

7. *Ibid.*, p. 187.

sentimento de plenitude. Não coincidia sua atitude exatamente com a crítica que ele fizera, um ano antes, contra o "professor de faculdade tradicional", "um senhor [...] *que possui um poder* ao qual se apega ferozmente: o de impor às pessoas, *em nome de um saber* que acumulou, suas próprias idéias, sem que aqueles que o escutam tenham o direito de contestá-las"? Sim, Sartre era exatamente assim, alguém que não reivindicava, em nome de seu saber, algum poder, alguma superioridade, alguma hierarquia, e foi isso que entusiasmou a estudante que eu era. Uma experiência mínima, afinal, mas que ilustrava este ponto tão raro: ele contestava o pressuposto de poder que lhe conferia sua legitimidade intelectual, oferecendo ao outro, anônimo, por sua generosidade e sua disponibilidade, os meios de fundar a própria identidade.

CAPÍTULO X

Pensar o moderno

Em *A náusea*, Antoine Roquentin, o personagem principal, vive sozinho em Bouville, onde faz pesquisas sobre o marquês de Rollebon, um erudito do século 18. Leva ali uma existência como um estrangeiro que passa, observa e registra suas impressões num diário. É a descrição exacerbada de sua experiência da contingência, o relato de suas impressões: "uma espécie de enjôo adocicado" ou uma "espécie de náusea", e a tentativa de subtrair-se não tendo "nem sangue, nem linfa, nem carne". Ele consegue evadir-se de sua província pegajosa e detestável oscilando em oposições geralmente binárias entre "o monótono" (o cotidiano) e "o maravilhoso",[1] graças a uma canção desconhecida, a uma voz de mulher que vem de outra parte.

"*When the mellow moon begins to beam*
Every night I dream a little dream."*

A voz, grave e rouca, aparece bruscamente e o mundo se desvanece, o mundo das existências."[2]

A exemplo de Roquentin, e em contraponto à

---

1. S. de Beauvoir, *La Cérémonie des adieux, op. cit.*, p. 570.

* "Toda noite eu sonho um pequeno sonho / quando a suave lua começa a sorrir." (N. do T.)

2. *La Nausée, op. cit.*, p. 122.

relação polêmica que mantém com suas próprias determinantes sociais, Sartre desenvolve uma mecânica de pensamento original ao orientar-se rumo ao conhecimento por meio da exploração aventurosa do mundo, da paixão manifesta pelo novo e da adoção deliberada do moderno. É ao preço de uma ruptura com a instituição filosófica, sentida como um entrave, que Sartre, já em seus anos de Escola Normal, lança-se numa análise de novas formas de expressão. Língua estrangeira, voz estrangeira, música estrangeira, descoberta do romance norte-americano, descoberta da filosofia alemã: o mundo vai ser explorado por círculos concêntricos, depois sistematicamente apresentado a seu redor em círculos cada vez mais amplos, cada vez mais públicos, à medida que se afirmarem seu pensamento e seu impacto (curso de filosofia no liceu do Havre, no liceu Condorcet, conferências na sala da "Lyre havraise", artigos na *NRF*, textos filosóficos, publicação de números especiais na revista *Temps Modernes*, número especial sobre os Estados Unidos, número especial sobre a Indochina, entre outros).

Em sua descoberta de novas formas de expressão, é ao cinema, "o poema da vida moderna",[3] que Sartre, já em 1925, atribui um lugar primordial, estabelecendo inclusive um estranho paralelo entre o cinema e sua própria biografia, numa espécie de fratria imaginária. "No desconforto igualitário das salas de bairro, aprendi que essa nova arte era minha, como de todos. Éramos da mesma idade mental: eu tinha sete anos e sabia ler, ele tinha doze e não sabia

---

3. Apologie pour le cinéma..., *op. cit.*, p. 398-404.

falar. Dizia-se que ele estava em seus começos, que faria progressos; eu pensava que cresceríamos juntos. Não esqueci nossa infância comum."[4] Sartre lembra igualmente o desprezo do avô quando, nos dias de chuva, a mãe e o filho, cúmplices, iam se divertir no Kinérama, no Folies-Dramatiques, no Vaudeville ou no Gaumont-Palace. "Nascido numa caverna de ladrões, classificado pela administração entre os divertimentos de feira, [o cinema] tinha maneiras de plebe que escandalizavam as pessoas sérias; era o divertimento das mulheres e das crianças." Para ele, portanto, desde a infância, o cinema foi a arte do século 20. "Entrávamos às escuras", ele acrescenta, "num século sem tradições que haveria de se diferenciar dos outros por suas maneiras grosseiras, e a nova arte, plebéia, prefigurava nossa barbárie."[5]

Por volta de 1925, aparecem na França os primeiros escritos, entre os quais os de Robert Desnos, sobre o cinema, mas o gênero permanece ainda muito pouco legitimado. É precisamente o momento em que, no quadro da Escola Normal, um Sartre de dezenove anos acolhe a estética cinematográfica como a de sua época e propõe uma conceitualização filosófica elaborada sobre ela. "Uma filosofia nova destronou a das idéias imutáveis: para o presente não há mais realidade senão na mudança [...]. O cinema oferece a fórmula de uma arte bergsoniana. Ele inaugura a mobilidade em estética."[6] Ou ainda: "O filme [...] é uma consciência, pois é uma

---

4. *Les Mots, op. cit.*, p. 98-104.
5. *Ibid.*, p. 104.
6. *Écrits de jeunesse, op. cit.*, p. 388.

corrente indivisível, [...] uma organização de estados, uma fuga, um escoamento indivisível, inapreensível como nosso Eu."[7]

No momento mesmo em que ele começa a trabalhar sobre o problema da contingência – é em 1926 que empreende a redação de seu *Factum sur la contingence*, que, depois de longas tribulações editoriais, acabará se tornando *A náusea* –, é interessante assinalar a maneira como funciona o pensamento sartriano, considerando a estética cinematográfica em sua especificidade em relação à estética romanesca ou à estética teatral, buscando integrar a arte cinematográfica em suas considerações filosóficas.

Explicitando sua paixão com um real prazer, o jovem Sartre deixa perceber alguns elementos da concepção do homem só, do indivíduo, que ele está desenvolvendo: "Por essência, o cinema celebra o louvor da energia. Os belos filmes têm por tema a luta de um homem contra a tempestade (*Way Down East*), contra a hostilidade provinciana (*Une belle revanche*), contra as emboscadas do deserto (*The Covered Wagon*), o duro trabalho de um vigarista (*Folie des femmes*), as belas aventuras esportivas (*Le Démon de la vitesse*) ou o romance de um revoltado (*Robin Wood, A marca do Zorro*). Todos cantam uma argonáutica, a dificuldade dos homens, a rude conquista do Tosão de Ouro. E que força de emoção quando Jasão o conquista! Apresentei ao espírito esta cena de *La Belle Revanche* em que o petróleo

---

7. *Ibid.*, p. 389.

esperado sai finalmente do poço, e nada é mais belo do que ver o jorro negro e lodoso elevar-se entre os andaimes, estridente como um apito, enquanto quatro homens sujos e sem camisa se estreitam pelos ombros, de olhos fixos no jato soberbo, gritando loucamente sua alegria de ter vencido."[8]

Examinemos aqui o funcionamento desse pensamento em formação, um pensamento que, no entanto – como foi visto mais acima na descrição de seus condiscípulos –, já se impunha a todos por sua maturidade e pela força de suas próprias categorias. As referências a suas leituras filosóficas embelezam o texto – ele cita Bergson, Alain, Souriau e até mesmo Malebranche –, e, no entanto, apesar dessas referências numerosas, já se instala uma filosofia sartriana da contingência, da ação, da estética, numa tensão muito viva entre a modéstia necessária da condição de estudante e o irreprimível orgulho do pensador que surge.

Enfim – e quem se surpreenderá com isso? –, associando o retorno ao romanesco e à aventura com uma crítica às tradições, utilizando a arte cinematográfica como uma ferramenta subversiva em sua bagagem cultural, Sartre conclui: "Criticam o cinema, como criticavam Sócrates, de corromper a juventude, associam-no ao *dancing* [...]. Tolstoi dizia que a única grande arte é a que se dirige a todos... O cinema se dirige a todos. [...] Carlitos? Ele é de fato o rei do cinema [...]. Criou um personagem, seu personagem, o vagabundo Carlitos, legendário,

---

8. *Ibid.*, p. 391.

criou um filme: o filme da verdadeira miséria [...] nesses filmes os heróis conhecem a verdadeira miséria [...] são macilentos, simpáticos e marotos. [...] O que a sociologia pede à arte, senão criar vidas unânimes? [...] O cinema praticamente não pode fazer arte pela arte, pois se dirige ao grande público: é por isso que os filmes alemães nunca nos satisfazem inteiramente, é por isso que todos os filmes americanos têm sucesso."[9]

Mais tarde, Sartre admitiu que seu fascínio pelo cinema fazia parte de seu fascínio pelos Estados Unidos e, de maneira mais geral, por todas as formas de arte que representavam a modernidade americana. "Quando tínhamos vinte anos, em 1925", ele escreve, "ouvimos falar dos arranha-céus. Eles simbolizavam para nós a fabulosa prosperidade americana, nós os descobrimos com estupefação nos filmes. Eram a arquitetura do futuro, assim como o cinema era a arte do futuro e o jazz, a música do futuro."[10]

Foi já em 1931, durante seus anos no Havre, que Sartre teve a ocasião de apresentar publicamente uma outra de suas paixões pelo moderno, o romance norte-americano. Mensalmente, diante de um público que não se sabe qual era, na sala da "Lyre havraise", ele pronunciava uma "conversa literária", buscando conhecer o estado do romance em 1931, passando em revista a evolução do gênero desde o século 18,

---

9. *Ibid.*, p. 402-404.

10. New York, ville coloniale, *Situations III*, Gallimard, 1999, p. 122-123.

analisando as diferentes técnicas do romance contemporâneo tanto na França quanto na Rússia, na Grã-Bretanha e nos Estados Unidos, ou lançando-se num estudo das fronteiras entre ciência e literatura, num exercício tão assombroso por sua ambição quanto pela ambição de seu projeto. Já não é mais o estudante bulímico da Escola Normal Superior, ainda não é o crítico prolífico dos anos 1940, mas certamente já se observa, apesar do contexto e das condições, a mesma mecânica intelectual em funcionamento, exigente, inovadora e poderosa.

"Naturalmente, se o romance deve estudar os indivíduos pelo e no grupo", ele explica, "em vez de estudar o grupo pelos e nos indivíduos, a técnica do romancista vai sofrer modificações profundas [...] o romancista deve continuar a tratar de indivíduos como sempre fez; só que sua arte deve visar fazer-nos sentir a cada instante, por trás do indivíduo, o formidável poder do grupo [...]. O problema que se colocava na última vez era o seguinte: como integrar o universo na obra de arte, o universo sendo concebido como o único real e os objetos particulares aparecendo apenas como modos passageiros desse universo? Vê-se que o problema que examinamos hoje não é muito diferente. Tem somente uma envergadura menor. O fato é que o romance social contemporâneo (o romance russo, por exemplo, e o romance norte-americano) estuda não mais indivíduos, mas estruturas sociais. Mas como ele faz para conservar à obra de arte sua unidade? De fato, é preciso notar que, se o grupo existe realmente, sua existência não é perceptível. Ele é conhecido apenas por seus efeitos, e seus efeitos são realidades individuais."[11]

Ele examina igualmente o problema das relações do indivíduo e do grupo, tomando o exemplo dos *Hommes de bonne volonté* [*Homens de boa vontade*] de Jules Romain – um exemplo "bem medíocre", segundo seus próprios termos – e o de *Paralelo 42*, de John Dos Passos, que ele valoriza. "O indivíduo está submerso no mundo", dizem suas anotações, "fazer sentir como é pequeno um homem entre os outros, semelhante aos outros e no entanto governado pelos outros [...] conservar a cada um (contra Dreiser) uma individuação [...]. Assim, tudo é descrito em relação ao indivíduo. Em cada seção, um indivíduo serve de centro provisório [...]. Objetividade absoluta de Dos Passos. Nunca julga. Mostra os personagens julgando-se e descreve sem dar sua opinião [...]."[12]

Diante do público restrito que vem escutá-lo no Havre, e com quatro anos de antecedência, já é o anúncio de seu famoso artigo sobre Dos Passos que será publicado na *NRF* e que termina por esta conclusão-manifesto: "Como é simples esse procedimento, como é eficaz; basta contar uma vida com a técnica do jornalismo americano e a vida se cristaliza em social.[...] Considero Dos Passos o maior escritor de nosso tempo".[13] Sabemos que Sartre aplicou, mais tarde, esses procedimentos a seu próprio romance *Le Sursis* [*Sursis*].

---

11. Conferências inéditas na sala da "Lyre havraise", arquivos Annie Cohen-Solal.

12. *Ibid.*

13. *Situations I*, Gallimard, 1947, p. 14-24.

CAPÍTULO XI

Os anos de guerra: nem traidor nem herói

Quando iniciei minha pesquisa, em 1982, a época era pouco propícia à luz sobre esse período. Um personagem com passado histórico carregado, o tenente Gerhard Heller, acabava de publicar um volume de memórias intitulado *Um alemão em Paris*.[1] Ele era conhecido como o censor da literatura francesa e havia freqüentado a maior parte dos escritores franceses em Paris durante o período da ocupação alemã – Mauriac, Paulhan, Jouhandeau, Drieu La Rochelle, entre outros. Seu livro era, portanto, esperado com curiosidade e interesse. Ele contava, por exemplo, que às vezes, sentado como civil a uma mesa do Café de Flore, entre 1942 e 1944, havia visto Sartre trabalhar. Um ano mais tarde, numa entrevista, Heller afirmaria que Drieu havia reaberto a *NRF* tendo por "contrapartida a liberação de alguns autores em cativeiro, como J.-P. Sartre". Mais algum tempo depois, lia-se na imprensa, acerca de Heller, que, durante esse período, Sartre "foi um de seus íntimos"!

Em sua exposição em causa própria, Heller certamente jamais quis fazer obra de historiador; todavia, seu livro abriu o caminho a todo tipo de especulações mais ou menos extravagantes, por derivas

---

1. G. Heller, *Un Allemand à Paris*, Le Seuil, 1981.

sucessivas, como costuma acontecer. Nessa época, portanto, nos numerosos comentários suscitados pelo comportamento de Sartre sob a Ocupação, pairava a dúvida. Minha decisão de empreender uma pesquisa sobre um Sartre visto globalmente e de me interessar, para começar, pelas mitologias sartrianas, vem daí. Tive que consultar arquivos, recuperar documentos e depoimentos, procurar testemunhas, interrogá-las, efetuar um trabalho clássico de historiadora confrontando as fontes, ao mesmo tempo em que reunia e analisava todo o *corpus* de textos produzidos por Sartre durante esse período: textos privados e correspondência (*Carnets de la drôle de guerre*, *Cartas ao Castor e a alguns outros*, etc.), peças de teatro (*Bariona*, *As moscas*, *Entre quatro paredes*), roteiros de filme (*Typhus*, *La fin du monde*, *Les jeux sont faits*), filosofia (*O Ser e o Nada*), romances (*Os caminhos da liberdade*), crítica literária (para *Comoedia*, *Les Lettres françaises clandestinas*, *Les Cahiers du Sud*, *Messages*, *Poésie 44*), crítica cinematográfica (*L'Écran français*), reportagens (*Combat*), cursos de filosofia (liceu Pasteur e liceu Condorcet), sem esquecer os inúmeros textos políticos redigidos nas diferentes redes de resistência das quais Sartre participou.

Entre as testemunhas que me ajudaram a reconstituir o lugar de Sartre na França da Ocupação, estive com Colette Audry, Jean Balladur, Jacques-Laurent Bost, Jean Bruller-Vercors, Christian Casadessus, Georges Chazelas, Jean Chouleur, Jacques Debû-Bridel, Dominique e Jean-Toussaint ("Touki") Desanti, Simone Devouassoux, Pierre Isler, Jean-Daniel Jurgensen, sra. Pierre Kaan, Jean Lescure,

Raoul Lévy, Robert Misrahi, Claude Morgan, Pierre Piganiol, Jean Pouillon, J.-B. Pontalis e Jean Rabaut; também consultei os arquivos nacionais, os arquivos da Educação nacional, os de Paulhan, de Balladur, dos Kaan, ou ainda os do excelente historiador da época que é Gérard Loiseaux,[2] entre outros. Foi preciso recusar as leituras parciais que consistiam em identificar um elemento da trajetória sartriana, isolá-lo de seu contexto e amplificá-lo para colorir o conjunto. Foi preciso analisar simultaneamente a totalidades dos escritos e das atividades de Sartre durante esse período. Somente um trabalho desse tipo, eu pensei então, podia contribuir para uma verdadeira desoxidação das camadas sucessivas de comentários e de glosas que haviam se acumulado ao longo dos anos e permitido derivas tais como a afirmação: Sartre "foi um dos íntimos" do censor Heller! Um único testemunho, o de Simone de Beauvoir em *La Force de l'âge* [*A força da idade*], perturbou-me: a partir do momento em que descobri nesse livro erros históricos e factuais, decidi só referir-me a ele para os elementos mais anódinos do empreendimento sartriano ao longo desse período.

Ao cabo de minhas pesquisas, fui capaz de propor uma análise da situação de Sartre durante os anos da Ocupação. A que conclusão cheguei? À certeza de que Sartre não havia sido nem um herói nem um covarde. No entanto, ele ocupou um lugar incontestável, numa posição de luta contra o ocupante e

---

2. G. Loiseaux, *La Littérature de la défaite et de la collaboration*, Publications de la Sorbonne, 1984.

contra o espírito de Vichy desde sua saída do campo de prisioneiros em 1941, quando participou do grupo de resistência "Socialismo e Liberdade", cujo objetivo era a instituição do socialismo num país novamente livre depois de vencido o fascismo. Esse programa ambicioso comportava inclusive um projeto de constituição para a França do pós-guerra, que Sartre redigiu em grande parte. "Hitler deporta nossos homens, ele escreveu, esse é um estado de fato com o qual não podemos nos conformar. Se aceitarmos o regime de Vichy, não somos mais homens: nenhum acordo é possível com os colaboradores. Pois se trata, desde agora, de construir uma sociedade em que a reivindicação de liberdade não será uma palavra vã..."[3]

O grupo contava com uns cinqüenta membros (professores e estudantes) ligados ao anarquismo (Marrot), ao marxismo (Merleau-Ponty), e até mesmo ao trotskismo, em torno de um Sartre proudhoniano e anticomunista. A iniciativa, prematura e improvisada, provavelmente não permitiu que "Socialismo e Liberdade" fizesse nascer uma terceira via entre as duas grandes correntes de resistência então em gestação: o gaullismo e o comunismo. O grupo acabou se dissolvendo; alguns de seus membros, como Dominique e Jean-Toussaint Desanti, decidiram passar à resistência ativa com o Partido Comunista, na zona sul da França. Sartre escolheu outras armas para combater, a começar por encontros com

---

3. Depoimento de Dominique e Jean-Toussaint Desanti, arquivos Annie Cohen-Solal.

Gide e Malraux na zona livre, já em agosto de 1941, para convencê-los a entrar na resistência ativa.

Suas atividades de resistência subterrânea prosseguiram na primavera de 1943, quando trabalhou no grupo AGATE (Associação de Grupos de Ação Técnica), ajudando seu amigo Pierre Kaan, nesse meio-tempo um dos próximos de Jean Moulin, a montar operações de sabotagem contra lanchas alemãs nas eclusas de Vernon. Essas operações, das quais participava um grupo de normalistas científicos como Pierre Piganiol, Pierre Mercier e Raymond Croland, estiveram ligadas à rede "Vélite-Thermopyles" e criaram uma rede de resistência em Corrèze, tragicamente dissolvida em dezembro de 1944 com o fuzilamento de 41 jovens dos grupos de ação "Liberté".[4]

Fora desses engajamentos políticos, o combate de Sartre prosseguiu à sua maneira, no registro ideológico, com a concentração na escrita, na produção imensa recém citada. Interpretados na perspectiva fenomenológica, isto é, buscando reconstruir o ponto de vista de Sartre e tendo por ponto de partida sua lógica interna, esses textos não deixam dúvida alguma sobre sua escolha da época. Além disso, a experiência do cativeiro representa para ele ao mesmo tempo um "despejo no social", no plano político, e um "despertar para a historicidade", no plano filosófico.

Lembremos *As moscas*, que tenta lutar contra "essa doença do arrependimento, essa complacência

---

4. Ver A. Cohen-Solal, *Sartre, 1905-1980*, Gallimard, "Folio Essais", 1985, p. 345-348.

ao remorso e à vergonha" que caracteriza o espírito de Vichy; lembremos o texto "Paris sob a Ocupação": "Nunca fomos mais livres do que sob a ocupação alemã. Tínhamos perdido todos os nossos direitos e, primeiro, o de falar; éramos insultados na cara todo dia e tínhamos que nos calar [...] em toda parte, nos muros, nos jornais, na tela, reencontrávamos aquela face imunda que nossos opressores queriam nos dar de nós mesmos: por causa disso tudo éramos livres. Já que o veneno nazista se insinuava até em nosso pensamento, cada pensamento justo era uma conquista; já que uma polícia onipotente buscava nos coagir ao silêncio, cada palavra tornava-se preciosa como uma declaração de princípio; já que éramos perseguidos, cada um de nossos gestos tinha o peso de um engajamento".[5] Lembremos, enfim, o texto violentíssimo sobre Drieu La Rochelle em *Les Lettres françaises clandestinas*.

Ao cabo de minha pesquisa, portanto, pude identificar todos os elementos significativos de uma postura de recusa. Elementos apoiados, é claro, por suas atividades de professor. Bastava ler o relatório de inspeção de 17 de março de 1942 para ficar sabendo que o governo de Vichy havia identificado o escritor como um elemento subversivo que devia ser chamado à ordem: "O sr. Sartre", escreve o reitor da Academia de Paris nomeado por Vichy, Gilbert Gidel, "parece ter me compreendido ao não fazer mencionar em seus trabalhos os dois volumes por ele publicados na *NRF*, *O muro* e *A náusea*, que esses

---

5. Paris sous l'Occupation, *Situations III*, Gallimard, 1949, p. 11.

livros, não importa o talento que demonstrem, não são daqueles que é desejável ver escritos por um professor, isto é, por alguém encarregado de almas. Que o sr. Sartre medite, a esse respeito, sobre algumas linhas muitos sensatas do sr. André Bellesort em *Le Collège et le monde*, e que tire proveito delas para a condução de sua carreira e de sua existência."[6] Maravilhoso retorno das coisas: o ex-professor de Sartre no colégio Louis-le-Grand, Bellesort, havia morrido alguns dias antes, e Vichy lhe prestara uma homenagem póstuma na qual se observou a presença de Brasillach*.

Bastava escutar seus ex-alunos, que relatavam, todos, a abertura, a disponibilidade, a generosidade do professor, a quem se podia dizer tudo, pedir tudo. Como quando Jean Balladur lhe pediu, um dia, para receber um amigo: de origem turca, filho de judeus emigrados, o jovem Misrahi acabava de ler *O Ser e o Nada* e desejava conhecer o autor: "Apareçam no Flore entre quatro e cinco", respondeu-lhe Sartre. Falaram de filosofia, de questões privadas: havia pouco fora decretado o porte obrigatório, para os judeus, da estrela amarela, e Sartre inquietou-se. "Volte a me procurar, me agrada muito falar com você." De assunto em assunto, de encontro em encontro, Sartre ficou sabendo aos poucos que o jovem estudante pensava em abandonar a universidade para dedicar-se a pequenos trabalhos que o ajudassem a ga-

---

6. Arquivos Annie Cohen-Solal.

* Robert Brasillach, escritor colaboracionista condenado e fuzilado em 1945. (N. do T.)

nhar a vida: carregador, moço de recados... "Você precisa se formar", disse Sartre com convicção. Proposição tímida e depois concreta: ele pagou as mensalidades a Misrahi até a formatura.

Para a minha grande surpresa, no entanto, e diretamente ligado ao sintoma francês de antropofagia tribal mencionado na abertura deste livro, a suspeição sistemática anti-sartriana continua a insinuar que Sartre foi um "impostor", alimentando a dúvida sobre seu comportamento durante os anos de guerra, sintoma sempre tão lastimável de um meio francês que se compraz na censura retrospectiva.[7] Os dados de meus arquivos ainda não explorados, como o conjunto dos cursos que Sartre ministrou nos anos de 1942-1944 a seus alunos do colegial no liceu Condorcet, certamente me permitirão, nos anos vindouros, trazer novas informações a esse dossiê.

---

7. Ver: I. Galster, *Sartre, Vichy et les intellectuels*, L'Harmattan, 2001; e as excelentes respostas de Jacques Lecarme, "Sartre et la question antisémite", e de Juliette Simon, "Sartre et la question de l'historicité. Réflexions au-delà d'un procès", em *Les Temps modernes*, nº 609, junho-julho-agosto de 2000, e nº 613, março-abril-maio de 2001, que, em minha opinião, encerraram definitivamente o debate no plano tanto histórico quanto filosófico.

CAPÍTULO XII

O hipo-staliniano

Em 1945, quando a maioria dos intelectuais franceses se juntava às fileiras do Partido Comunista, no recomeço do pós-guerra, Sartre elaborava sua doutrina do engajamento, acumulava energias em torno da revista *Les Temps modernes* para decifrar o mundo contemporâneo e, em *Reflexões sobre a questão judaica*, dedicava-se a denunciar o tabu do colaboracionismo. "Suas relações com o Partido Comunista Francês não foram simples", escreveu logo após a morte de Sartre o secretário-geral do PCF, Georges Marchais,[1] que aproveitou para saudar "um dos maiores espíritos de nosso tempo". Por trás desse *fair play* de circunstância, no entanto, que longa série de tensões! As figuras mais complexas sucederam-se ao longo das trajetórias paralelas do grupo da *Temps modernes* e do PCF. Alternadamente, flertes, desavenças, ódios, cumplicidades, aproximações súbitas e rupturas estrondosas, às vezes com desprezo e ignorância recíprocos.

Quando a história começa, antes da guerra, Sartre mostra apenas um interesse dos mais distantes em relação à política. Durante o período entre guerras, no momento das paixões em favor da União

---

1. *L'Humanité*, 17 de abril de 1980.

Soviética e dos idealismos galopantes, seu retraimento é visível. Suas relações com o PCF, na época, reduzem-se a um nome: Paul Nizan. E o próprio Sartre relata, com um certo humor, como via seu amigo da adolescência, que em 1929 se tornou comunista e depois jornalista do Partido: "Eu o tinha", ele escreve, "como o comunista perfeito. Era cômodo: ele passou a ser a meus olhos o porta-voz do *Bureau* político. Tomava seus humores, suas ilusões, suas frivolidades como atitudes decididas nas altas esferas... [Depois do pacto germano-soviético,] fiquei sabendo pelos jornais que o porta-voz do *Bureau* político acabava de deixar o Partido, numa ruptura que teve grande repercussão. Portanto, eu havia me enganado sobre tudo, desde sempre..."[2]. Não há necessidade de insistir: seu desinteresse, seu desconhecimento do aparelho comunista e, de maneira mais geral, de toda instituição política mostram-se aqui claramente.

Aliás, não são simples as relações entre Sartre, o professor apolítico, e Nizam, o jornalista do Partido. Este último, num de seus romances, *Le Cheval de Troie* [*O cavalo de Tróia*], descreve Sartre como um pequeno-burguês reacionário, cujo pessimismo radical o leva a juntar-se aos inimigos da classe operária: é o epílogo do romance. Sob esses auspícios se inaugura o diálogo de surdos que prosseguirá, durante quarenta anos, entre Sartre e o PCF, passando por diferentes fases que constróem essa relação complexa. Em 1941 e 1942, o ativismo do filósofo é uma

---

2. Prefácio a *Aden Arabie*, de Paul Nizan, Maspero, 1960.

resposta à suspeição dos comunistas a seu respeito. É um período de interrogações e turbulências para o PCF, clandestino desde setembro de 1939, dilacerado pela derrota de seus dirigentes, por tensões internas, correntes e subcorrentes, acertos de contas de toda ordem. E, como sempre nesses períodos de recuo, não são pequenos os conflitos com os não-comunistas: quanto mais dividido em seitas é o Partido, mais ele se torna sectário. O pacto germano-soviético desorientou não poucos militantes, e as diretrizes do alto têm dificuldade de seguir a via normal; convivem as tendências mais anárquicas, e os ataques ao exterior proliferam. Os primeiros alvos são os demissionários do pós-pacto: o próprio Thorez se lança ao assalto e ataca com violência extrema Nizan, entre outros, que ele chama de "cachorro morto"[3] pago pelo Ministério do Interior. Nizan morrerá no *front*, em maio de 1940, e quando Sartre retorna de seu campo de prisioneiros, menos de um ano mais tarde, os ataques comunistas que sofrerá estarão em parte ligados, com certeza, ao caso Nizan.

Pois, ao voltar do cativeiro, Sartre entra em contato com a política. Dentro do grupo de resistência "Socialismo e Liberdade", ele tenta, por algum tempo, aliar-se aos comunistas. Certamente a participação de Sartre nessas atividades de resistência clandestina representava seus primeiríssimos passos no domínio da ação política, e podia-se esperar, da parte dele, uma certa dose de inabilidade. Mas quanta

---

3. M. Thorez, Les traîtres au pilori, em *The Communist International*, nº 3, p. 170-178.

desconfiança em relação a ele! Escutemos o próprio Sartre relatar: "Os comunistas mandaram responder a meu enviado: 'Desconfiem de Sartre, ele foi libertado pelos serviços prestados aos alemães. É um espião em busca de informações sobre o funcionamento interno da Resistência...'[4]." Panfletos circulam contra ele na zona sul, para acabar de fazê-lo suspeito. É um retorno brutal para Sartre: fazem correr o boato, por exemplo, de que é próximo de Heidegger em suas concepções filosóficas – portanto, um adepto do nacional-socialismo. Seu próprio grupo de resistência irá romper-se, na busca de uma terceira via impossível entre gaullistas e comunistas.

Os anos de 1943 e 1944 representam uma fase de coexistência e de tolerância. A partir de junho de 1941, com a entrada da União Soviética na guerra, os ventos mudam. Os comunistas logo irão engajar-se em massa e ativamente na Resistência, buscando a abertura em mais amplas alianças. É o fim dos ostracismos! Assim, já no começo de 1943 veremos Sartre trabalhando no Comitê Nacional de Escritores com colegas comunistas, de início um pouco incomodados com as recentes acusações. Essa fase não é senão uma espécie de trégua mágica: Sartre escreverá quatro artigos em *Les Lettres françaises* clandestinas, ao lado de Éluard ou de Aragon, e, embora prefira a polêmica odiosa contra Drieu ao lirismo político-patriótico, embora sua voz permaneça sempre marginal, essa aliança de circunstância vai durar dois anos... até a libertação de Paris.

---

[4]. Ver C. Morgan, *Les don Quichotte et les autres*, Guy Roblot Éd., 1979, p. 140.

Os oito anos seguintes (de 1945 a 1952), quando a grande maioria dos intelectuais franceses se junta ao "partido dos fuzilados", serão, entre Sartre e o PCF, um período de confronto e de ódio. Sartre está se tornando um homem célebre, o existencialismo está em plena voga, é o começo de sua revista *Les Temps modernes*, da multiplicação de suas tomadas de posição, conferências, artigos, viagens, etc. É também o período em que ele se torna o inimigo número 1 dos comunistas: "Um falso profeta que contradiz o marxismo", diz Garaudy;[5] "uma hiena com estilógrafo", "um animal perigoso", cercado de um "bando de burgueses desamparados, de olhos tristes, pena abundante, braços frouxos, desesperadamente, lamentavelmente frouxos...", escreve Jean Kanapa, que foi seu aluno.[6] Enquanto isso, em *L'Humanité*, Guy Leclerc afirma que, por sua peça *As mãos sujas*, Sartre "vendeu-se por trinta moedas e um prato de lentilhas americanas..."[7] Dois tipos de atrito entre Sartre e o PCF nessa época, a mais violenta: conflitos de ordem intelectual e filosófica, num momento em que os comunistas abandonam o governo francês e o PCF endurece; conflitos, por outro lado, de ordem política, pois é o período durante o qual Sartre lidera o movimento da RDR [Rassemblement Démocratique Révolutionnaire] numa tentativa de "terceira

---

5. R. Garaudy, "Un faux prophète", *Lettres françaises*, 28 de dezembro de 1945.

6. J. Kanapa, *L'existentialisme n'est pas un humanisme*, Éditions Sociales, 1947.

7. G. Leclerc, "Monsieur Sartre a les mains sales", *L'Humanité*, 7 de abril de 1948.

via" que logo fracassará. É, enfim, o período em que Sartre tentará negociar sua posição junto ao PCF: ele desenvolve um combate à esquerda dos comunistas, mas sem seguir-lhes os passos.

Seguem-se então, de 1952 a 1956, os quatro anos de companheirismo de estrada. A injusta prisão de Jacques Duclos, em conseqüência do caso dito dos "pombos-correios", provoca uma reação brutal de Sartre que, "tomado pela cólera", parte em socorro dos comunistas injustamente atacados: "Eu precisava escrever ou morreria asfixiado", ele explica. "Os comunistas e a paz"[8] é sua primeira tentativa de reflexão aprofundada sobre suas relações com os comunistas. "Um anticomunista é um cão"[9]: a fórmula, que ficou célebre, marca bem o período. Congresso de Viena, viagens à União Soviética, Sartre será inclusive vice-presidente da Associação França-União Soviética. Colaboração benevolente que acabará tão brutalmente como começou, no momento da invasão da Hungria pelos soviéticos, em 1956. Nessa oposição, a lógica do PCF irá chocar-se pontualmente com a lógica crítica do grupo da *Temps modernes*.

Ao deixar a órbita do Partido Comunista Francês, Sartre começa sua fase terceiro-mundista e descreve, em "O fantasma de Stalin", as razões de sua ruptura total com o PCF: "Hoje retornamos à oposição [...]. Procuraremos ajudar na desestalinização

---

8. *Les Temps modernes*, julho de 1952 e outubro-novembro de 1952; retomado em *Situations IV*, Gallimard, 1964.

9. *Ibid.*

do PCF".[10] Ou ainda: "Com os homens que dirigem neste momento o PCF, não é nem será jamais possível restabelecer relações. Cada um de seus gestos é o resultado de trinta anos de mentiras e de esclerose...".[11] Sartre está desiludido: o PC continua sendo para ele um aliado, mas um aliado duvidoso. *Les Temps modernes* continua a ver no Partido uma mediação para a classe operária, do mesmo modo que a União Soviética permanece uma mediação para alguns movimentos de libertação nacional. Aliás, é para o Terceiro Mundo que Sartre vai voltar-se: apoio irrestrito a todos os movimentos de descolonização: guerra da Argélia, Cuba, guerra do Vietnã, encontros com Fanon e Lumumba, e ataques regulares à política melindrosa dos comunistas sobre esses problemas. Sartre prossegue também sua descoberta do mundo, atento a tudo que se mexe, aos movimentos de revolta social, sublinhando ao mesmo tempo seu ceticismo cada vez maior diante dos dispositivos políticos institucionais.

A partir de 1968, Sartre entra em seus anos de esquerdismo institucionalizado. Ele se aproxima dos maoístas, na medida em que são eles quem melhor traduz a espontaneidade e a efervescência sociais. Segundo uma lógica de círculos concêntricos cada vez mais próximos de seu próprio universo – que é a realidade de sua percepção do mundo –, ele vai inte-

---

10. "Le fantôme de Stalin", *Les Temps modernes*, novembro-dezembro de 1956, janeiro de 1957; retomado em *Situations VII*, Gallimard, 1965.

11. "Après Budapest, Sartre parle", *L'Express*, 9 de novembro de 1956.

ressar-se de perto por todo tipo de marginalidades na França: os prisioneiros, os homossexuais, etc., e dar-lhes um apoio público. Trabalhará como militante ativamente, pela primeira vez na vida, com grupos muito fortemente reprimidos, como a Esquerda Proletária, Revolução, e ajudará a criar a agência de imprensa e o jornal *Libération*. Manifestando oficialmente seu apoio aos dissidentes soviéticos, protestando contra o anti-semitismo na União Soviética, ele se pronuncia claramente, no fim da vida, por um socialismo de tipo libertário. Pela primeira vez não vê mais no PC o intérprete, para o melhor ou para o pior, da classe operária. Daí em diante o PC se apaga de seu horizonte. As cartas políticas redistribuem-se, Sartre institucionaliza-se. E, no momento em que sobe a um tonel para discursar aos operários comunistas de Billancourt em nome da Esquerda Proletária, o PC quase nem protesta. Aos olhos dos próprios comunistas, ele se transformou agora em monumento: monumento de um irrecuperável esquerdismo.

Percurso complexo, percurso em ziguezague, ao sabor das flutuações e do desenvolvimento das atividades do próprio Sartre. Percurso que convém agora interpretar, analisar, sondar, à luz dos movimentos à margem da linha do PCF, das circunstâncias históricas. E, em primeiro lugar, como não levar em consideração a primeira crítica de importância feita a Sartre, e que costuma partir, de maneira repetitiva, de ex-militantes comunistas? Retomemos, por exemplo, uma fórmula de Edgar Morin que, para descrever a posição política de Sartre, utiliza o conceito de "hipo-staliniano". Ao contrário do hiper-staliniano – que nega ferozmente a existência de campos de concentração e defende cegamente a União Soviética –, o hipo-staliniano aceita todas as críticas contra o primeiro país socialista, mas mesmo assim continua a buscar, impávido, a revolução por toda parte no mundo. Crítica a Sartre que se tornou banal e que foi completada de alguns anos para cá. Ela se funda em razão e em psicologia. Na sua forma mais elaborada, articula-se mesmo em três dimensões: política, epistemológica e (quase) psicanalítica.

– Crítica política: Sartre desempenharia, ao longo do tempo, o papel, sempre renovado, de "Fourier do comunismo", primeiro plenamente, no período de 1952-1956, mas também mais tarde: em suas tomadas de posição nos grandes conflitos internacionais, ele joga sempiternamente a mesma carta: "Os Estados Unidos, eis o inimigo...": papel ingenuamente sutil, que o leva alternadamente a defender o PCF contra os ataques primários, a apoiar de maneira diferenciada os movimentos de libertação, com uma preferência claramente marcada pelos que se opõem ao imperialismo norte-americano, a proclamar enfim o marxismo "horizonte insuperável de nosso tempo", e a manter, desse modo, a intelectualidade numa dependência teórica do comunismo. À sua revelia, a presença de Sartre funcionaria, portanto – é a tese de Annie Kriegel –, como uma espécie de "limite de regulação" do PCF. Presença tanto mais perigosa quanto se afigura ao mesmo tempo inocente e simpática, e cuja função essencial seria restringir a ação intelectual a uma órbita que, a longo prazo, serviria apenas aos interesses da União Soviética, desarmando de maneira ingênua e não menos sistemática os que combatem mais decididamente a realidade do Gulag...

– Crítica epistemológica: esse papel ingênuo viria, antes de mais nada, da formidável "incompetência" que Sartre mostraria no campo político: tema hoje bastante desenvolvido (os famosos "erros" citados anteriormente) para que seja necessário determo-nos aqui.

– Crítica psicanalítica, enfim: na raiz de um tal comportamento estaria subjacente um furioso ódio de si, e Sartre jogaria com a própria notoriedade aventurando-se num mundo que não é o seu e que ele domina particularmente mal. Assim ele atacaria, com um masoquismo certo, sua classe, sua cultura, seu passado de origem. Assim também redimiria, talvez, sua passividade de antes da guerra, sua semi-ausência nos movimentos da Resistência. E, pouco dotado para a política, avançaria nesse campo minado, oferecendo-se em holocausto às lógicas stalinistas.

Essa interpretação, hoje freqüentemente partilhada, não coincide com os fatos. E as relações que Sartre manteve com o PCF não se aproximam em nenhum momento desse fascínio suicida e cúmplice – que muitos intelectuais no entanto tiveram, nos anos de pós-guerra, em relação ao PC. Na verdade, Sartre teve muito poucos contatos com os militantes comunistas propriamente ditos. Ele os conhece mal e, mais que isso, não faz o menor esforço para conhecê-los. Não será essa sua atitude quando se aproximar, mais tarde, durante seu período esquerdista, dos militantes maoístas, mantendo com alguns deles laços de amizade reais, partilhando com eles uma prática militante ativa. Com os comunistas isso nunca acontecerá: somente o debate intelectual o interessa. E os fundamentos de seu discurso, rigorosamente opostos aos dos marxistas franceses – de Kanapa a Althusser –, privilegiam uma filosofia da subjetividade e da intenção.

É o que assinala Merleau-Ponty – um dos melhores exegetas do "marxismo sartriano" – quando lembra os fundamentos cientificistas e objetivistas dos marxistas franceses em geral. Aliás, não é projeto profundo de Sartre fundar a reflexão dos comunistas para infletir sua ação? Foi o que ele disse e repetiu constantemente, mesmo na fase de companheirismo de estrada; e ele aceitará a unidade de ação em pontos limitados, raciocinando a partir de *seus* "princípios, e não dos *deles*" (sublinhado pelo próprio Sartre). O filósofo pratica, em relação ao PCF, um tipo de comportamento intelectual muito freqüente nele, comportamento que Bourdieu qualifica muito judiciosamente de "ultrapassagem radical".[12] Forma de análise globalizante que devora numa bocada seu objeto de estudo, que faz dele um subproduto de seu próprio pensamento. E Sartre encarrega-se de fornecer ao PCF a verdade de sua prática: inútil dizer o quanto os comunistas abominam esse tipo de procedimento!

Aliás, Sartre levará adiante sua reflexão construindo para uso próprio um partido comunista que

---

12. P. Bourdieu, "Sartre, l'invention de l'intellectuel total", *Libération*, 31 de março de 1983.

o satisfaz; é o caso da verdadeira idealização a que se entrega frente ao Partido Comunista italiano: oposto ao PCF pesado, obscurantista e rígido, seu vizinho italiano terá todas as marcas da inteligência e da flexibilidade, e "seu Togliatti", eternamente poupado, nunca será julgado por ele com a mesma severidade que Thorez ou Duclos. Sendo assim, por que não admitir uma verdade evidente: que Sartre só se sente próximo dos comunistas quando eles são oprimidos? A maneira como parte em seu socorro, no começo da quarta fase, é um claro sinal disso: rejeitado, oprimido, injuriado, o PCF torna-se para ele uma marginalidade – assim como os negros, os judeus, os prisioneiros, etc. – e é o que desperta então o interesse de Sartre por ele. Portanto, se a simples leitura politológica – utilizada por Edgar Morin, entre outros – não é suficiente para interpretar as relações de Sartre com o PCF, pois não explica nem o sucesso nem o modo de relação que se estabelece entre os dois parceiros, uma interpretação mais aprofundada se impõe.

Em primeiro lugar, não se poderia omitir nessa reflexão um dado que julgamos capital: o estatuto dos intelectuais nos anos do pós-guerra. De fato, o sucesso intelectual de Sartre explica-se em parte, certamente, pela estranha simbiose que se cria entre ele e o público. Durante muito tempo, a França desenvolveu algumas de suas instituições universitárias de maneira muito específica, privilegiando a formação de docentes. É o caso da Escola Normal Superior. Assim, um domínio intelectual constituiu-se em torno dessa "República dos professores", de tradição aristocrática e crítica. Enaltecida ou execrada, essa República dos professores manteve sobre a vida intelectual francesa uma hegemonia incontestável durante a IIIª e a IVª República. Sartre foi ao mesmo tempo um de seus mais puros produtos e também, provavelmente, seu último representante: não atinge ele o auge no momento em que a instituição se destrói e se desagrega? Aliás, Sartre representa e magnifica exemplarmente, em seu tempo, esse poder crítico do intelectual, e o paradigma de "degenerado" – que integra os estatutos de pária e de privilegiado – aplica-se perfeitamente ao intelectual francês do pós-guerra.

Esse diálogo, é menos no campo político do que, mais amplamente, no campo intelectual que se deve tentar compreendê-lo. Reduzir Sartre a um Fourier dos comunistas é cometer um duplo contra-senso, é desconhecer e reduzir o verdadeiro quadro no qual se inscreve seu interesse político real. Ora, é exatamente mais além do debate politológico que se situa Sartre – ao contrário de Aron, por exemplo. Seu quadro é propriamente filosófico. Seu projeto é o da relação do intelectual com a sociedade. Seu desafio, o de *sua* verdade. Assim, haveria inadequação entre duas lógicas, em primeiro lugar, mas sobretudo entre dois níveis de apreensão da realidade política. Sartre prosseguindo a grande tradição do intelectual francês iniciada por Voltaire e Rousseau, continuada no século 19 por Lamartine e Hugo e depois, mais próximos de nós, por Zola, Malraux e mesmo Gide: essa é a tradição tipicamente francesa do intelectual esclarecido, do intelectual consciência crítica do mundo, a quem nenhuma causa justa poderia verdadeiramente escapar, pois essas causas entram espontaneamente em sua esfera de interesse, de influência e de ação. Assim, o caso Calas ou o caso Dreyfus, por exemplo, seriam apenas irmãos gêmeos do tribunal Russell ou da tortura na Argélia. E Sartre, em seu "ultrabolchevismo", terá conseguido encontrar, como explica brilhantemente Merleau-Ponty, "uma outra ação que não a ação comunista".[13]

---

13. M. Merleau-Ponty, *Les aventures de la dialectique*, Gallimard, 1955, p. 295.

CAPÍTULO XIII

A guerra da Argélia e os começos do militante terceiro-mundista

Entre Sartre e Camus, a guerra da Argélia é o terreno de todos os paradoxos. Se, conforme a expressão de Roland Dumas, ela foi "a guerra de Sartre",[1] nada no entanto destinava *a priori* o filósofo a tornar-se o intelectual número um desse conflito. Nem seu desconhecimento dos problemas específicos da colonização francesa na Argélia, nem sua intervenção tardia e indireta no conflito. Em 1950, ele vai com Simone de Beauvoir ao Mzab [região ao norte do Saara argelino], numa viagem mais turística do que política: "Éramos contrários ao sistema colonialista, ela escreve na volta, mas não tínhamos *a priori* prevenção contra os homens que administravam os assuntos indígenas ou que dirigiam a construção de estradas".[2] Mais tarde, em 1956, quando as primeiras vozes se elevaram para denunciar o regime colonial francês, Sartre juntou sua voz às de Jeanson, Barrat, Mandouze, Césaire, Mascolo, d'Amrouche. Fez isso, como veremos, à sua maneira, mas sem tomar a iniciativa dos encontros: juntou sua voz, nada mais. É após um período de desavenças com Francis Jeanson

---

1. Depoimento de Roland Dumas, encontro com A. Cohen-Solal em 15 de outubro de 1984.
2. S. de Beauvoir, *La Force des choses*, I, Gallimard, 1963, p. 284.

– de novembro de 1956 à primavera de 1959 – que ele vai assumir uma posição de destaque e lançar-se progressivamente num intervencionismo ativo. Sob esse aspecto, 1960 foi seu grande ano, o ano de sua plena dedicação política, talvez o ano mais intenso de sua vida. O ano durante o qual se transformou num contra-embaixador da França, em que viajou a Cuba, ao Brasil, à Iugoslávia e à União Soviética, também aquele em que foi recebido como visitante oficial por alguns chefes de Estado – como Castro, Tito e Kruchev. Ano, enfim, em que se tornou, ao dar seu apoio às redes de sustentação da FLN argelina, o arauto de toda uma parcela da intelectualidade de esquerda e o bode expiatório da direita reacionária. "Fuzilem Sartre!", gritarão em outubro do mesmo ano militantes de extrema direita. "Não se prende Voltaire", responderá simbolicamente, dois meses mais tarde, o general de Gaulle.

Paradoxalmente, enquanto a personalidade de Sartre se impunha em toda parte nesse primeiro de seus combates terceiro-mundistas, a de Camus, por sua vez, apagava-se. E se Camus foi o grande ausente no terreno da guerra da Argélia, esse é também mais um paradoxo. É necessário lembrar que o menino de Belcourt conheceu as tensões e os sofrimentos dos bairros pobres da periferia de Argel? que aderiu, em 1935, ao Partido Comunista argelino? que escreveu uma série notável de reportagens sobre a situação local, em 1939, e que esses artigos, "Miséria da Cabília", figuram entre os depoimentos mais sérios e bem-documentados sobre a realidade argelina da época? Camus conhecia muito bem, e sob todos os aspectos, o contexto político, cultural e social no qual haviam fermentado as tensões que agitavam a população argelina; era um domínio sobre o qual se exprimia à vontade, como jornalista, romancista, moralista. Como explicar, então, seu estranho apagamento da cena política assim que a guerra da Argélia começou? Apagamento político, em primeiro lugar: "Estou sofrendo com a Argélia", ele dirá simplesmente em 1º de fevereiro de 1955, antes de não mais intervir a não ser pontualmente, sempre com uma espécie de mal-estar, em 1956 e depois em 1957. Apagamento físico, enfim: o acidente rodoviário que resultou em sua morte, em 4 de janeiro de 1960, precede em alguns meses os grandes processos, os grandes manifestos, as grandes passeatas que mobilizarão a esquerda.

Em torno da guerra da Argélia, portanto, Sartre e Camus não vão se encontrar. Em novembro de 1954 começaram os então chamados "acontecimentos da Argélia", dois anos após o desentendimento público entre os dois escritores. Até a morte de Camus, eles nunca mais se dirigirão explicitamente um ao outro, e 1952 será, portanto, oficialmente, a data de seu último diálogo, de seu último confronto público. E se eles se colocaram, se foram colocados, cada um num campo oposto frente à guerra da Argélia, esse antagonismo – o do ano de 1957, em particular, como veremos adiante – aparece mais como diálogo de surdos do que como oposição real. Triste destino para a amizade deles, esse afundamento definitivo, esse silêncio, essas irreconciliáveis divergências! A desavença Sartre-Camus foi sem dúvida alguma atiçada pelos meios de comunicação de massa, que sublinharam, não sem um prazer maligno, a recorrente rivalidade entre homens de letras franceses. É que as tradições são lentas de enterrar, e, por trás das flechas cruéis que Sartre disparou contra Camus, por trás das palavras venenosas que Camus devolveu a Sartre, entreviam-se as sombras de outros tantos duelos conhecidos, como os que opuseram em nossa história literária Corneille a Racine, Voltaire a Rousseau e, mais recentemente, Louis Aragon a André Breton. No momento em que as primeiras violências se manifestaram no solo argelino, Sartre e Camus estavam, portanto, encerrados nesses papéis públicos de irmãos inimigos que eles haveriam de tentar assumir da melhor maneira possível. Estavam sobretudo encerrados numa lógica bizarra, em movimentos inversos e simétricos: Camus, o autóctone, sensibilizado, dilacerado, perfeitamente consciente da realidade argelina, será progressivamente o silencioso e o ausente. Sartre, o metropolitano, o estrangeiro, o teórico, será o intelectual de esquerda simbólico, o profeta da guerra da Argélia. Desses dois movimentos que escapam mais do que nunca um do outro, podemos destacar alguns momentos, extrair algumas imagens.

Em 22 de janeiro de 1957, Camus está em Argel. O comitê em favor de uma trégua civil, composto de franceses liberais e de muçulmanos "centristas", pediu-lhe para dar seu apoio à reunião do Círculo do Progresso. A atmosfera é tensa, os extremistas de direita mobilizam-se contra o que denunciam como uma traição para com a França e a Argélia francesa.

Expondo-se a ameaças e ataques, Camus vai então pronunciar uma pequena alocução – mais tarde conhecida sob o título "Apelo em favor de uma trégua civil", que será publicada em *Actuelles II*. "Eis o desafio mortal", dirá particularmente Camus, "diante do qual nos encontramos. Ou conseguimos [...] nos associar para limitar os estragos, e estaremos favorecendo uma evolução satisfatória, ou fracassamos em nos reunir e em persuadir, e esse fracasso repercutirá sobre todo o futuro [...]".[3] Cinco dias mais tarde, em 27 de janeiro de 1957, Sartre está em Paris. No salão Wagram, ele participa de uma grande assembléia organizada pelo Comitê de Ação dos Intelectuais contra o prosseguimento da guerra na Argélia. "Nós, franceses da metrópole", ele dirá, "só temos uma lição a tirar desses fatos: o colonialismo está se destruindo a si mesmo. Mas ele continua a empestar a atmosfera: ele é nossa vergonha, ele zomba de nossas leis ou as caricatura; ele nos infecta com seu racismo..."[4] Em torno de Sartre, já nessa época, recolhiam-se os primeiros ecos da tortura na Argélia, assistia-se às primeiras manifestações antiárabes na França, observavam-se com inquietação as diversas mobilizações do exército e da política, temia-se uma ditadura militar. Com essas duas declarações, vemos esboçarem-se representações radicalmente diferentes da mesma realidade política percebida no mesmo momento: Camus busca a reconciliação entre as duas comunidades – "nos

---

3. A. Camus, *Essais*, Gallimard, "Bibliothèque de la Pléiade", 1977, p. 998.

4. *Situations V*, Gallimard, 1964, p. 42.

associar para limitar os estragos" –, Sartre denuncia os colonizadores franceses, declara-lhes guerra aberta, acusa o regime colonial estabelecido na Argélia – "nosso papel é ajudá-lo a morrer".

Camus, em meio aos seus, percebe a complexidade da realidade argelina, os laços humanos, as rupturas impossíveis, a relatividade dos problemas. Sartre, desde Paris, analisa à distância as macroestruturas que definem esse conflito e as opõe de maneira simples, maniqueísta e demonstrativa. Diálogo de surdos, portanto, entre duas mitologias, duas maneiras de contar, de contar a si mesmo esse conflito. E, quando se dirigem um ao outro implicitamente, Camus critica "os que confiam a longínquos microfones" sua análise de uma realidade que conhecem apenas teoricamente; Sartre denuncia, por sua vez, esses "neocolonialistas" que tentam conciliar tudo e todos, sem discernimento. Eis portanto, de costas uma para a outra, duas "histórias" dos acontecimentos da Argélia; vistas em retrospecto, essas duas histórias aparecem hoje como dois tipos de mitologia do político, duas abordagens claramente idealistas e, apesar de tudo, complementares. É a mitologia do consenso frente à mitologia do radical; a da fraternidade frente à do apocalipse; a dos direitos do homem frente à da subversão da ordem do mundo; a que localiza a violência em cada um de nós frente à que vê a violência presente na "ditadura do Estado"; a que enaltece valores como o amor, a compreensão, a coragem, frente à que, denunciando o escândalo da opressão, reivindica a lucidez e o confronto.

Duas maneiras de contar a História. Aliás, o que

conhecia Sartre do conflito em suas expressões concretas? E se *sua* guerra da Argélia tivesse sido antes determinada por seu ódio aos militares, pelo medo da volta ao poder de um governo conservador? E se os acontecimentos da Argélia fossem para Sartre apenas o revelador do apodrecimento da França, de sua "gangrena"? Frente a frente, duas tradições: Sartre, mais ideólogo, mais dogmático; Camus, mais pragmático, mais moralista. O ideal político de Camus assemelha-se a uma utopia social. Escutemos novamente o que ele diz, naquele 22 de janeiro de 1957: "Estamos num duelo a faca, ou quase, e o mundo marcha à velocidade de nossos aviões supersônicos. No mesmo dia em que os jornais imprimem o terrível relato de nossas disputas provinciais, eles anunciam um *pool* atômico europeu... Amanhã, se a Europa se conciliar consigo mesma, fluxos de riquezas cobrirão o continente e, chegando até aqui, tornarão nossos problemas e nossos ódios caducos".[5] Isso foi dito em Argel, diante de um auditório misto. Analisar esses discursos em seu próprio contexto histórico e sem cair no erro de considerá-los com nossos conhecimentos de hoje permite reencontrar as modalidades da época, os traços que saíram de moda. Camus, como que paralisado pela intervenção do afetivo no campo do político, estava então evoluindo para uma espécie de agnosticismo político. Quanto a Sartre, recentemente saído de seus quatro anos de companheirismo de estrada com os comunistas, ainda muito marcado pela ideologia marxista, tentava aplicá-la aos

---

5. A. Camus, *Essais, op. cit.*, p. 999.

acontecimentos da Argélia. Os dois homens estavam, pois, em via de restabelecer seu equilíbrio político.

Pois Sartre no salão Wagram e Camus no Círculo do Progresso são dois homens que percorrem trajetórias políticas ao mesmo tempo simultâneas e rigorosamente opostas. E seu antagonismo de janeiro de 1957 é como o sinal de duração de seu antagonismo de sempre. A imprensa geralmente simplificou: a amizade e a desavença teriam se sucedido entre os dois escritores. A relação foi muito mais complexa; ela começa 22 anos antes, em 1935. Sartre tinha trinta anos, era o herdeiro de uma tradição francesa elitista, um jovem educado entre os livros e no berço macio da Escola Normal Superior. Professor de filosofia no liceu do Havre, ele praguejava contra a asfixia da província francesa e contra seus fracassos editoriais; anarquizante, individualista, isolado, observava com um olhar zombeteiro os grandes desfiles dos diferentes partidos de esquerda e escutava com ironia as esperanças dos comunistas franceses fascinados pela experiência soviética. Em 1935, Camus aderia, aos 22 anos de idade, ao Partido comunista argelino: mesmo tendo depois se distanciado da ideologia marxista, permaneceria fiel a suas experiências da desigualdade e da miséria social. Buscaria na cultura – teatro, romance, jornalismo – um meio de ascender socialmente, seria um escritor precoce. Depois de dois anos no Partido Comunista, Camus se afastaria dessa esfera, até uma nova experiência política na Resistência. Nesse meio-tempo, será pontualmente socialista de esquerda e companheiro de estrada da SFIO, em 1945 e 1946, por exemplo.

Enquanto, cada vez mais, Camus mobilizava-se em favor de objetivos políticos limitados, juntando-se por exemplo a Garry Davis, em 1948, num espaço que poderia ser qualificado de socialismo ético, Sartre lançava-se como flecha no outro sentido. Por alguns meses ele se mobiliza, como vimos, num grupúsculo de resistência, em 1941, para depois, com as asas queimadas por esse primeiro choque do concreto, encerrar-se num grande período de escrita filosófica, do qual nascerá *O Ser e o Nada*, anunciando a *Moral* [*Cadernos para uma moral*]. Sete anos mais tarde, mobiliza-se novamente e sempre numa perspectiva de "terceira via", em 1948, por ocasião da criação da RDR com David Rousset. Mesmo fracasso que durante a Ocupação, mesmo abandono do concreto, mesma retirada num novo túnel: seria a escrita filosófica um substituto, uma resposta ao fracasso da ação prática? A *Moral* será então escrita, mas publicada bem mais tarde. É em 1952 – e na contracorrente da maior parte dos intelectuais franceses – que Sartre irá enfim se aproximar dos comunistas. Segundo uma lógica mais pessoal e mais objetiva ao mesmo tempo, ele encontrará no proletariado francês de 1952 o elemento mais oprimido, que, no caso, pedia seu apoio. A desavença com Camus ocorrerá aí, nesse momento de articulação em que Sartre, de olhos enevoados por questões como o caso dos "pombos-correios" (prisão de Jacques Duclos), decidirá que a primeira urgência o impele para junto do PCF. E Camus será tratado de "burguês" que carrega consigo um "pedestal portátil",[6] com uma violência

---

6. Réponse à Albert Camus, em *Situations IV*, Gallimard, 1964, p. 92.

muito sartriana, típica daqueles anos; ele se tornará o perfeito "*salaud*" aos olhos de um Sartre mais virulento do que nunca.

Numa tal apresentação, mesmo exagerada, de suas trajetórias políticas, dificilmente encontraríamos pontos de encontro, pontos de impacto, ainda que tênues. É como se eles tivessem caminhado lado a lado, em campos idênticos, mas sem diálogo. Como se tivessem se esquivado um do outro, cada um encerrado numa lógica impermeável ao outro. De fato, há uma defasagem em tudo, em suas temporalidades, em suas simpatias pontuais, em seus entusiasmos profundos. E, se passam pelas mesmas idéias, é às vezes com vinte, vinte e cinco anos de distância. Aprendizagens sociais, aprendizagens políticas, encontros com o ideológico e o concreto, tudo está em defasagem entre eles, tudo em contratempo. Com efeito, se observarmos a evolução de suas carreiras, não numa perspectiva estritamente literária, mas antes sociopolítica, a figura do par Sartre-Camus correntemente aceita – afinidade e depois divórcio – torna-se decididamente caduca. Todos os contornos se dissolvem, e vemo-nos diante de trajetórias políticas que suas experiências, suas raízes, suas implicações teóricas opõem radicalmente. E as mitologias – as que aparecem em 22 e 27 de janeiro de 1957 – eram o produto, a quintessência, o resultado disso.

Acaso lembrarão os momentos de euforia, os períodos róseos da amizade, a fase das concessões mútuas? Camus, no jornal *Alger républicain*, havia, já em 1938, homenageado *A náusea*, essa "filosofia em imagens", havia comparado seu autor a Kafka e assinalado "o primeiro chamamento de um espírito singular e vigoroso".[7] Sartre, por sua vez, havia proposto aos *Cahiers du Sud* – alguns anos mais tarde, em 1943 – uma "explicação de *O estrangeiro*": "Disseram-me: 'É Kafka escrito por Hemingway'; confesso que não encontrei Kafka", ele comentava com humor, para terminar por uma fórmula muito típica: "Um curto romance de moralista... que, não obstante a contribuição dos existencialistas alemães e dos romancistas americanos, permanece muito próximo, no fundo, de um conto de Voltaire".[8]

Acaso lembrarão a experiência de *Entre quatro paredes*, que Sartre escreveu originalmente para Camus – o diretor teatral – e para Camus – o intérprete? Lembrarão ainda a equipe do jornal *Combat*, na qual Camus convida Sartre a dar seus primeiros passos de grande repórter, de jornalista? as "fiestas" comuns com Picasso, com Leiris durante a Ocupação? as festas e as danças, mais tarde, com os Vian? o convite feito por Sartre a Camus de integrar a primeira equipe da revista *Les Temps modernes*? As imagens entrechocam-se, precipitam-se, tamanha foi a vontade de viver depois de 1945, tamanha a efervescência dos talentos dos dois tenores do pós-guerra. Literatura, filosofia, teatro, crítica literária, jornalismo, política, cinema, todos os campos intelectuais foram explorados pelos dois escritores, rigorosamente no mesmo momento, e com ferramentas similares. Os olhares que Roquentin e Meursault lançavam ao

---

7. A. Camus, *Essais, op, cit.*, p. 1.417-1.419.

8. *Situations I*, Gallimard, 1947, p. 104 e 112.

mundo em 1938 não eram afins? Olhares por trás da vidraça, olhares de lucidez e exclusão misturados.

É assim que se fazem os amálgamas: houve tonalidade comum nas obras do primeiro Camus e nas obras do primeiro Sartre. Houve amizade eufórica nos primeiros encontros, na embriaguez inicial entre esses dois noctívagos que conheciam o sucesso e descobriam juntos as liberdades reconquistadas do pós-guerra. Certo. Mas nada disso influiu profundamente sobre suas posições políticas, sobre suas convicções, sobre sua arquitetura ideológica pessoal. E cada um seguiu seu caminho, em seu próprio planeta, sem que o outro o influenciasse de maneira alguma. Quando muito houve ainda um frágil encontro de circunstância na tribuna da sala Pleyel, em Paris, em 13 de dezembro de 1948. André Breton, Richard Wright, Carlo Levi, Guido Piovene estavam lá, entre outros. Com Sartre e Camus. Mas esse encontro que se queria "internacionalismo do espírito" e que, em nome da RDR, poderia facilmente fazer pensar num renascimento das grandes assembléias de intelectuais dos anos 1930, era, na verdade, um natimorto. Violentos conflitos preparatórios haviam oposto algumas tendências; Merleau-Ponty fora convidado, mas Camus interveio para dar seu veto; Merleau foi afastado. "Todos se separavam de todos", dirá David Rousset, um dos organizadores dessa noitada, "era o fim de um consenso".[9] Do fim desse consenso, Sartre e Camus foram em parte os figurantes quase mudos, estando lado a lado apenas pelas eventualidades dos últimos reagrupamentos de intelectuais.

---

9. Encontro com A. Cohen-Solal em 8 de setembro de 1982.

Daí em diante suas trajetórias políticas vão divergir claramente, e aos olhos de todos. Sartre mergulhará num grande período de aceleração, de mobilização sempre mais intensa, de intervenção cada vez mais tenaz. Quanto a Camus, ele penderá a um estranho agnosticismo no qual o político se apaga em favor do ético. Sartre, como sabemos, após ter sido vacinado pelo PCF, irá derivar-se novamente para as boas velhas tendências anarquistas de sua juventude: será um velho impossível, de olho em todas as novas efervescências sociopolíticas, inspirado pela juventude, rejeitando as verdades passadas e odiando todo enraizamento, todo fechamento, toda esclerose. Eram os gestos de liberdade do burguês em fuga, maravilhado de romper o pacto sagrado sob o qual havia nascido. Camus, por sua vez, ao escolher a postura ética como substituto das opções políticas, mantinha íntegra uma fidelidade a suas origens de classe. A guerra da Argélia foi certamente, na carreira dos dois escritores, a cristalização de suas divergências de sempre: por trás das duas mitologias do político, por trás dessas duas maneiras de contar a História, estava o resultado de duas lógicas pessoais rigorosamente antagônicas, de duas carreiras literárias rivais, embora análogas e aparentadas; e talvez, também, de uma grande amizade que não deu certo.[10]

---

10. Este capítulo é proveniente de *Camus et la politique*, sob a direção de Jean-Yves Guérin, L'Harmattan, 1986.

CAPÍTULO XIV

Pensar o devir da cultura ocidental

Integralmente ligado à questão do Terceiro Mundo apresenta-se, para Sartre, o problema do devir da cultura ocidental, sobre o qual o escritor se interroga desde 1945, com uma crescente insistência. No roteiro para a série televisada *Sartre dans le siècle*, empreendido por sugestão de Marcel Jullian, em 1975, para tentar situar seu lugar em relação aos acontecimentos históricos do século, ele fala de seu anticolonialismo precoce, que identifica já aos doze anos de idade, "uma das raras paixões políticas que tive naquele momento [...] Foi algo que veio espontaneamente, em La Rochelle, ao ver negros, árabes e chineses transportados de suas terras para nossas fábricas".[1] Precoces também são suas leituras de histórias em quadrinhos americanas, seus desejos de aventura e suas permanentes tentativas de avaliar a cultura ocidental a partir de uma outra cultura.

Não seria demais insistir nas viagens que ele fez aos Estados Unidos, em 1945 e 1946, para explicar o verdadeiro abalo que o contato com esse país produziu e o impacto da descoberta da discriminação racial na tomada de consciência política do escritor.

---

[1]. Roteiro inédito: "Sartre dans le siècle" (arquivos Annie Cohen-Solal).

Numa de suas conferências após seu retorno, ele declara: "Em toda parte, no Sul, pratica-se a 'segregação'. Não há nenhum lugar público onde brancos e negros se misturem. O acesso a teatros, restaurantes, cinemas, bibliotecas, piscinas, etc., freqüentados pelos brancos, é vedado aos negros. Nos trens e nos bondes, estes têm lugares à parte: possuem suas igrejas e suas escolas, mais pobres e mais raras que as escolas brancas; é inclusive comum, nas fábricas, trabalharem em locais separados. São párias inteiramente privados de direitos políticos. Certamente a XV^a Emenda à Constituição prevê que 'o direito de voto dos cidadãos dos Estados Unidos não poderá ser nem diminuído nem recusado pelos Estados Unidos ou por um dos Estados em razão de raça, cor ou condições servis anteriores'. Mas há mil maneiras de contorná-la".[2]

Contemporâneos dessas denúncias e descobertas, o lançamento de sua revista *Les Temps modernes* e a famosa conferência de outubro de 1945, "O existencialismo é um humanismo", afirmavam ao mesmo tempo a necessidade do engajamento do escritor "em situação" na sua época e buscavam o lugar do "Europeu de 1945", colocando-o no centro de um mundo capaz de compreender "qualquer projeto, mesmo o do chinês, do índio ou do negro".[3] A recomposição da paisagem cultural nos anos que se seguiram ao fim da Segunda Guerra mundial nunca foi propria-

---

2. Retour des États-Unis. Ce que j'ai appris du problème noir, *Le Figaro littéraire*, 16 de junho de 1945.

3. *L'existentialisme est un humanisme*, Nagel, 1946.

mente estudada, mas poderia, como uma caixa-preta, fornecer-nos a chave da evolução intelectual da mensagem européia durante o último meio século. A jornalista norte-americana Janet Flanner observava então, em sua "Letter from Paris", no *New Yorker*, a França no cotidiano. "Agora que não apenas Paris mas toda a Europa foi libertada", ela escrevia em 24 de maio de 1945, "convém observar Paris e indagar o que resta da cidade que foi, em seu tempo, a capital intelectual, a capital civilizada da *so-called French Europe*. Paris não é alegre, é uma cidade inquieta, ansiosa, áspera e provavelmente convalescente."

Quem teria, em Paris, concordado então com uma representação tão negativa? Buscando auscultar de maneira fina esses momentos durante os quais uma mitologia continuava a viver, embora os fundamentos de uma hegemonia cultural e seus mecanismos de base tivessem sido abalados, Sartre também se interrogou sobre esse período de transição em que o campo dos possíveis, completamente ampliado, permitia reinventar as normas sociais, como uma falsa aurora antes que ela terminasse. Nessa sociologia da derrocada e da diluição dos mitos, talvez se possa compreender as representações desses europeus que, esperando que tudo continuasse como antes, melhor que antes, viviam ainda num sonho, e seria possível analisar então a defasagem entre representações sociais e processos sociais efetivos.

Num outro discurso, em 1949, ele descreveu a cultura como a "reflexão sobre uma situação comum": "A situação de todos os países europeus", ele afirmava, "é comum. Na Itália, na França, no Benelux, na

Suécia, na Noruega, na Alemanha, na Grécia, na Áustria, reencontramos sempre os mesmos problemas e os mesmos perigos. Em primeiro lugar, o mesmo problema econômico, isto é, a necessidade de se reequipar e a impossibilidade de se dirigir a outros que não os norte-americanos, é tanto um problema dos gregos quanto dos suecos. Em toda parte a mesma catástrofe acaba de ser vivida, deixando a mesma paisagem. Roterdã era profundamente diferente de Florença; mas atualmente, quer se vá ao bairro dos Ofícios [em Florença] ou a Roterdã, ou ao Havre, estamos sempre diante da mesma paisagem nascida como uma arquitetura humana comum à Europa. E, mesmo para quem habita em cidades poupadas, a presença das cidades destruídas pesa e muda a paisagem. Sabemos o que é uma cidade mutilada, e que essa cidade mutilada é européia."[4]

É legítimo perguntar-se como Sartre se encaminha, a partir de sua filosofia do homem só e da paixão manifesta pelo novo que caracterizam suas interrogações dos anos 1930, rumo a uma tomada de consciência e a um engajamento político que serão definitivos. A experiência da guerra e a dos Estados Unidos vão romper definitivamente suas amarras com o passado: daí em diante, ele irá propor, por tentativas, a elaboração de novas configurações

---

[4] "Défense de la culture française par la culture européenne", conferência pronunciada em 24 de abril de 1949 no Centro de Estudos de Política Estrangeira em Paris e publicada em *Politique étrangère*, junho de 1949, p. 233-248. Esse texto é particularmente citado por Michel Contat e Michel Rybalka em *Les Écrits de Sartre. Chronologie. Bibliographie commentée*, Gallimard, 1970.

e o estabelecimento de projetos e alianças com os novos atores, seja na ordem da vida cotidiana ou como intelectual que oferece ao Outro a possibilidade de associá-lo a seu empreendimento intelectual. "Vejo oprimidos em toda parte (colonizados, proletários, judeus) e quero libertá-los da opressão. São esses oprimidos que me tocam, e é de sua opressão que me sinto cúmplice. É a liberdade deles, enfim, que reconhecerá a minha."[5]

Pode-se ver em Sartre a imagem de um intelectual que busca compreender como o Ocidente é capaz de renegociar sua cultura com os países em via de desenvolvimento. Talvez esteja aí uma das dimensões essenciais do pensamento sartriano: tentar, de forma incipiente, abraçar o problema central do século 20, a irrupção do Terceiro Mundo na cena internacional e a chegada à historicidade de um certo número de países-continentes. Essa aliança canhestra, exagerada em sua violência, cabe reatualizá-la hoje. Mas não foi Sartre o primeiro a identificar um problema cada vez mais atual? Trata-se assim da mesma atitude diante da ordem do cultural, quando ele tenta pensar a relação entre a França e os Estados emergentes ou os poderes estabelecidos. Nos interstícios entre as culturas, ele propõe construções novas, outras configurações, numa tensão permanente. "A Ocupação aumentou o fascínio exercido sobre os intelectuais franceses pela vida americana, sua violência, sua proliferação, sua mobilidade", ele declarou em 1946. "Em breve aparecerão nos Estados

---

5. *Cahiers pour une morale*, Gallimard, 1983, p. 89.

Unidos os primeiros romances franceses escritos sob a Ocupação. Iremos restituir técnicas que tomamos emprestadas de vocês. Iremos devolvê-las digeridas, intelectualizadas, menos eficazes e menos brutais, conscientemente adaptadas ao gosto francês. Por causa dessa troca incessante que leva as nações a redescobrirem nas outras o que elas inventaram e depois rejeitaram, vocês talvez redescubram nesses livros estrangeiros a juventude eterna do 'velho' Faulkner..."[6]

---

6. Discurso inédito pronunciado na Universidade de Yale, janeiro de 1946; arquivos Annie Cohen-Solal.

CAPÍTULO XV

Elaboração de uma cultura alternativa

Surpreendente Sartre, que sempre defendeu a transparência absoluta e que, ao mesmo tempo, progride numa dinâmica sistemática de ruptura e de extirpação. Como segui-lo? Essa dinâmica de extirpação à sua família, ao seu meio, a seu país, à sua cultura começa muito cedo, já na infância, é ela que o leva a colocar a escrita no centro de sua vida para escapar à condição de objeto que acompanha a criança. "Minha verdade, meu nome, meu caráter estavam nas mãos dos adultos", lê-se em *As palavras*, "aprendi a me ver pelos olhos deles; eu era uma criança, esse monstro que eles fabricam com seus lamentos". Surpreendente Sartre, que explica a si mesmo sua própria neurose, descrevendo-se como criança enlouquecida que se auto-engendra e cujo projeto de vida se identifica, desde os oito anos de idade, com a escrita, única e brilhante saída à sua situação familiar. "Descrevendo verdadeiros objetos com verdadeiras palavras traçadas por uma verdadeira caneta, seria realmente terrível se eu não me tornasse verdadeiro também. Em suma, eu sabia, de uma vez por todas, o que devia responder aos controladores que pediriam meu bilhete."[1]

---

1. *Les Mots, op. cit.*

Essa vontade de libertar-se da família e das determinantes sociais, que percorre de uma ponta à outra a obra de Sartre, deve absolutamente ser vista junto à prática singular de uma vida privada na qual uma "família" de um novo tipo, composta de amigos, estudantes, amantes, representa o círculo próximo do casal Sartre-Beauvoir – esse casal mítico que se tornou, desde 1930, e para várias gerações de estudantes, um verdadeiro modelo de vida. Um casal fisicamente solto, que encontramos, de 1929 a 1980, percorrendo o espaço e o tempo incansavelmente. Estão em Pequim, Moscou, Cairo, Rio de Janeiro, Billancourt... Sempre lado a lado. Ela, alta, magra, elegante, um tanto antiquada em suas roupas, em seus turbantes, longe das modas. Ele, baixo, atarracado, às vezes com gravata, geralmente mais descontraído numa gabardine usada, fumando cachimbo. Nada, absolutamente nada que pudesse nos contar histórias à maneira de Zelda e Scott Fitzgerald. Tratava-se para nós de algo muito diferente.

Buscávamos desesperadamente uma alternativa ao casamento em naufrágio e tentávamos desajeitadamente inventar um novo casal de companheiros-amantes militantes: à sua revelia, Sartre e Beauvoir ilustravam nossas fantasias e tornaram-se nossos heróis. Desempenharam aquele papel de casal lendário que, para a nossa bela inocência, havia alcançado acima de tudo um êxito pouco comum: cumplicidade – tanto afetiva quanto política –, equilíbrio e honestidade ao longo do tempo. E construímos, cada um, nossa imagem sentimental. Suas vidas profissionais? Seus itinerários políticos? Semelhantes, paralelos, simultâneos: primeiro estudantes, depois professores e escritores profissionais, passando da burguesia mais ambiciosa à tentação comunista e ao maoísmo.

O que conservávamos ainda em nosso álbum de família substituta? Textos, frases, entrevistas, que nos ajudavam a ilustrar essas imagens. Um comentário, de certo modo. "Sartre, eu gostaria de lhe interrogar sobre...", ela perguntava secamente. Mais doce, aparentemente mais terno, ele fazia um esforço para responder àquela que pudicamente chamava o Castor. Claro que percebíamos falhas; aliás, como teriam podido nos escapar? Ela inclusive fizera questão de contar, em seu romance *L'Invitée* [*A convidada*], o ciúme de uma mulher que não é mais a única. Adivinhávamos os arranjos, ele falava como filósofo de suas relações com as mulheres: essencial / contingentes. Mas, apesar da precariedade e da fragilidade, eles haviam construído esse laço irmão-irmã incestuoso, casal não-conformista e sem filhos. Se tivéssemos tentado erguer o véu, penetrar nos bastidores, o que teríamos descoberto? Uma realidade bem mais complexa, como indicam as correspondências recentemente publicadas, mas que não obstante manteve, acima de tudo, um rumo de fidelidade, inventando um novo modelo de comportamentos afetivos, resposta à crise da família tradicional e primeiro fruto das famílias recompostas.

Entre o casal-rei e a "família sartriana" organizam-se trocas afetivas, sexuais, profissionais e financeiras; é Bost que adapta *Huis clos* [*Entre quatro paredes*] para o cinema; é Olga que atua em *As moscas*;

é Dolorès que organiza o número especial de *Les Temps modernes* sobre os Estados Unidos; é Wanda que faz o papel de Leni em *Os seqüestrados de Altona*, e Evelyne, o de Johanna; é Michelle que traduz a biografia de Freud para permitir a redação do roteiro para John Huston; é Lanzmann que escreve a carta no processo dos 121, quando Sartre está no Brasil; é Arlette que redige os textos no momento do Tribunal Russell, etc. Trocas verdadeiras, uma vez que os membros da "família sartriana" terão a função de "provedores de mundo" para o casal central: é a partir de Bost, de Olga ou de Wanda que Sartre e Beauvoir conhecerão e compreenderão a realidade das jovens gerações. A tal ponto que se poderia falar aí de uma verdadeira forma de "economia de produção coletiva".

Surpreendente Sartre que, em seu prefácio ao livro de André Gorz, *Le traître* [*O traidor*], fez-se antropólogo para descrever a família ocidental tradicional com uma ironia distanciada, em páginas de uma rara força. "De fato, parece que ainda há na terra selvagens bastante estúpidos para ver em seus recém-nascidos antepassados reencarnados. Agitam-se acima do bebê as armas e os colares dos velhos mortos; se ele faz um movimento, todos exclamam: o velho ressuscitou [...]. Esses aborígenes atrasados, encontramo-los nas ilhas Fiji, no Taiti, na Nova-Guiné, em Viena, em Paris, em Roma, em toda parte onde há homens: são chamados pais. Muito antes de nosso nascimento, antes mesmo de nos haverem concebido, os nossos ancestrais definiram nosso personagem. Disseram de nós 'Ele', anos antes que pudéssemos dizer 'eu'. Existimos primeiro como objetos absolutos. Por meio de nossa família, a sociedade nos destinava uma situação, um ser, um conjunto de papéis."[2]

Surpreendente Sartre que, como pedagogo, em seu curso de moral, expôs com deleite a concepção tradicional da família, opondo-a à teoria anarquista. Escutemos seu curso de moral prática, tal como foi transcrito por Jean Balladur no liceu Condorcet, em 1943: "As sociedades variam. Colocam-se problemas morais de tipos diferentes conforme as sociedades, conforme os grupos sociais aos quais o indivíduo pertence (família, profissão, classe, pátria). A família é constituída por indivíduos ligados pelo sangue e agrupados em torno do casal conjugal [...]. Existe o dever de fundar uma família? Quais são os deveres, os direitos no interior da família? Quais são os deveres da mulher? Que relações existem entre pais e filhos? Deve-se considerar a família como um valor, o grupo social a realizar?

"*Teoria conservadora de Le Play*: a família é a estrutura social primeira: é um fenômeno natural, portanto divino para um cristão. Le Play segue De Bonald e Augusto Comte, que consideram a família a célula social. Minha família é a realidade última, o indivíduo não tem sentido fora da família. É uma criação divina, um valor fundamental; um indivíduo deve querer realizar a família. Para Le Play, não se pode conceber uma família anárquica: deve haver uma estrutura hierárquica, o pai será a autoridade primeira, a mãe só pode igualar-se ao pai na condi-

---

2. *Situations IV*, Gallimard, 1964, p. 54-55.

ção de obedecer-lhe no plano da autoridade. Os filhos estão submetidos à autoridade do pai, que encarna a família, e à autoridade da mãe, como substituta quando o pai está ausente. Entre os dois deve haver uma hierarquia, assim como o direito de primogenitura e os direitos do sexo masculino. É a idéia anti-revolucionária segundo a qual o indivíduo é nada. É uma concepção sintética e totalitária da família, ela é religiosa e conservadora. O pai tem a autoridade indiscutível: o Estado nada tem a ver com a família [...].

"*Teoria anarquista* (Stirner, Reclus, Gide): ela vem da tendência analítica da Revolução Francesa: toda realidade é uma soma decomponível: a sociedade é uma soma de indivíduos, um vínculo fictício entre os indivíduos. Submeter o indivíduo ao grupo é submeter a realidade ao fictício. Deve-se suprimir a família. É preciso distinguir duas coisas: o acasalamento e os filhos que não se pode impedir. Pode haver contrato, mas não deve haver obrigação. Esse 'casamento' deve ser um contrato que depende apenas da vontade dos indivíduos, é a união livre. Só se deve ter filhos quando se quer. Homens devem ter o direito de serem esterilizados. As relações entre pais e filhos [são uma espécie de] contrato, com a liberdade dos filhos. É preciso educar a criança, pois se quis tê-la. As crianças não são obrigadas a ter respeito, reconhecimento (Stirner, Reclus). Gide sabe muito bem que a família é uma totalidade, mas a partir de um certo momento ela se torna prejudicial. É um impedimento a todo individualismo moral; ora, como toda moral é individualista, é um impedimento a toda moral. Aquele que pensa por meio do grupo (costumes ou família) é imoral. A família é conservadora por essência e tende a perpetuar-se e a impedir o indivíduo de mudar [...].

"*Conclusão*: a família é uma formação histórica, e não natural. O laço de sangue, que nos é mostrado como essencial, só se formou muito tarde como constitutivo da família."[3]

Percebe-se bem como se desdobrou a construção dessa cultura alternativa, tornada pública, em grande parte, pelo conjunto das compilações sucessivas das memórias de Simone de Beauvoir; ela construiu uma espécie de mito de uma contrafamília ideal, sobre a qual se viu, no fim da vida de Sartre, que era bem mais complexa, dolorosa, difícil e explosiva do que Simone de Beauvoir a descrevera. Durante minha investigação, tentei encontrar os diferentes membros dessa contrafamília sartriana, escutar seus testemunhos e transmiti-los com o máximo de precisão. A interação com uma testemunha privilegiada, eu a descreveria como um exercício difícil e delicado, muito diferente do acesso aos arquivos. Pois um passo em falso com uma testemunha viva conduz rapidamente a um inevitável impasse. A abordagem das testemunhas requer manobras sutis, um investimento considerável, movimentos de empatia, mas exige ao mesmo tempo uma grande autonomia para conservar o espírito crítico. Houve momentos maravilhosos, quando, por exemplo, Simone de Beauvoir tele-

---

3. Apontamentos de aula de Jean Balladur (arquivos Annie Cohen-Solal).

fonou-me uma manhã: "Venha depressa", ela disse, "encontrei uma coisa para você". E, recebendo-me à porta, ela me estendeu as conferências inéditas de Sartre pronunciadas na sala da "Lyre havraise" em 1931. Em meio às conferências manuscritas de Sartre, havia folhas escritas numa letra inclinada que diziam muito mais da relação dela com Sartre do que em todos os seus diários: na verdade, ela havia traduzido, à custa de horas e horas de trabalho, páginas inteiras de Dos Passos e de Faulkner para Sartre, que não compreendia a língua!

Com Arlette Elkaïm, uma jovem estudante de filosofia que se tornou amiga e que Sartre decidiu adotar legalmente em abril de 1965, as relações foram intensas, ricas, aprofundadas, como se ambas estivéssemos pesquisando juntas. Quando descobri um baú de documentos inéditos sobre Jean-Baptiste [o pai de Sartre], em Périgueux, e lancei-me num verdadeiro trabalho sobre ele, tive escrúpulos: eu não estaria desenvolvendo uma interpretação que iria contra *As palavras*? "De modo nenhum, Annie," respondeu-me Arlette, "não tenha medo de contrariar Sartre sobre Jean-Baptiste!" Os mais belos momentos foram quando ela decidiu ler-me documentos íntimos como os sonhos de Sartre, ou fazer-me escutar gravações em cassete de Sartre músico, cantando o lamento do rei de Tule em *Fausto* de Gounod (por volta de maio de 1968, quando redigia seu Flaubert), decifrando a partitura orquestral do *Stabat Mater* de Pergolese, ou acompanhando ao piano Arlette, na flauta, num concerto para piano e flauta de Mozart!

Como não se deter igualmente nos testemunhos dolorosos de Dolorès Vanetti, a amiga nova-iorquina do Sartre em glória, aquela que lhe "deu a América", como ele dizia, o país que ele sonhara explorar na infância e na adolescência? Como não se perturbar com suas lembranças, ela que, quando Sartre deixou de amá-la, recusou o "arranjo" que ele lhe propunha (dinheiro, apartamento, manutenção de encontros ritualizados), escapando ao destino de "satélite" ao redor do "casal-rei"? Como não ficar fascinada por seu apartamento, o mesmo onde recebeu Sartre em 1945 e 1946, com sua coleção de máscaras do Pacífico Sul e outros tesouros que pertenceram a Marcel Duchamp, André Breton ou ainda Claude Lévi-Strauss, de quem era amiga? Se pudéssemos arriscar a idéia de que Sartre viu o mundo pelos olhos das mulheres, se nos lembrarmos da relação fusional que ele manteve com sua mãe Anne-Marie, se considerarmos suas belas fórmulas sobre sua atração pela beleza das mulheres, uma beleza que ele sonhava adquirir quando estava perto delas, se relermos esta afirmação cheia de humor nos *Carnets de la drôle de guerre*: "Prefiro falar de coisas insignificantes com uma mulher do que de filosofia com Aron", certamente não é difícil convencer-se disso. Mas as mulheres desempenham ainda um outro papel em sua exploração do mundo: pois foram mulheres, como Dolorès Vanetti para os Estados Unidos, como Lena Zonina para a União Soviética, como Cristina para o Brasil, como Tomiko Asabuki para o Japão, ou Helena Lassiothakis para a Grécia, foram essas "mulheres-países" que deram a Sartre um acesso privilegiado a uma cultura estrangeira.

Com a publicação de *A cerimônia do adeus*, em 1981, Simone de Beauvoir abriu publicamente o dossiê dos conflitos no interior da contrafamília sartriana. Uma família que serviu de modelo a alguns para o que agora chamam a "família recomposta", mas que comportava igualmente, como vimos, suas próprias destruições.

EPÍLOGO

Um retorno aos trabalhos mais polêmicos de Sartre talvez permitisse explicar as relações particularmente difíceis que ele manteve com os intelectuais de seu próprio país e a distância da recepção sartriana entre a França e o estrangeiro, questão que abordei no começo deste livro. Se pensarmos sobretudo em textos tais como *Reflexões sobre a questão judaica*, em *Orfeu negro*, nos prefácios a *Damnés de la terre* [*Condenados da terra*], de Franz Fanon, ou a *Portrait d'un colonisé* [*Retrato de um colonizado*], de Albert Memmi, em *Mortos sem sepultura*, no *Manifesto dos 121*, em "Vous êtes formidables" [Vocês são formidáveis], em "Les Grenouilles qui demandent un roi" [As rãs que pedem um rei], ou em outros textos jornalísticos que datam do período da guerra da Argélia, vemos que Sartre enfrenta acontecimentos históricos especificamente relacionados a uma história da França às voltas com suas tradições e seus traumatismos: o problema da colaboração, o problema da colonização, o problema da tortura, o problema da insubmissão. Momentos dolorosos na memória coletiva francesa e que o país terá dificuldade de superar: por muito tempo irresolutos, por muito tempo submetidos a um trabalho de rejeição, por muito tempo considerados como impossíveis de tratar por nós mesmos, eles foram freqüentemente tratados no estrangeiro e nos voltam de maneira lancinante, décadas mais tarde, perfurando nossas consciências. Não provém a suspeição francesa em relação a Sartre do fato de que, retomando por sua vez uma tradição muito profundamente francesa, ele a aplica a tabus históricos da memória nacional num imperdoável reviramento que é visto como uma última traição?

Em "Individualismo e conformismo nos Estados Unidos",[1] Sartre propõe uma análise do indivíduo e do Estado, comparando os Estados Unidos e a França, e admite que a ligação entre "conformismo social" e "individualismo é talvez o que um francês terá, da França, a maior dificuldade de compreender. Para nós, o individualismo conservou a velha forma clássica da 'luta do indivíduo contra a sociedade e singularmente contra o Estado'. Não é isso o que acontece na América". Talvez esse texto nos dê uma chave para compreender a suspeição que a postura sartriana (que inclui a do cidadão frente ao Estado, do homem só frente às instituições, dos excluídos frente aos ricos) sempre provocou em seu próprio país. Outro motivo de suspeição? O fato de seus discursos se articularem sobre a reivindicação e a importação de referências exteriores à sua própria tradição. Dos Estados Unidos ele toma um aparato "modernista": jazz, cinema, romance, em nome do "futuro"; da Alemanha, a ferramenta da fenomenologia, que lhe permite pensar o cotidiano com categorias menos rígidas que as do pensamento francês.

---

1. *Situations III*, Gallimard, 1949, p. 84.

Foi graças a essas ferramentas, tomadas no exterior dos modelos franceses, que ele pôde organizar seu próprio sistema e construir sua carreira. Aliás, se ele abandona o ensino, é para abraçar a carreira de roteirista da Pathé e subverter o exercício da filosofia pela introdução de modelos herdados do cotidiano, num cruzamento e num vaivém particularmente desconcertantes entre pensamento acadêmico e e-xemplos triviais. Após o fracasso de sua carreira de roteirista, o que se observa é uma organização de produção intelectual polivalente e multinacional, que oscila do muito popular – canção, teatro, romance, jornalismo – ao muito erudito – filosofia –, do muito tradicionalmente francês – o intelectual engajado – ao muito exterior – os Blacks, os judeus, com *Reflexões sobre a questão judaica* e *Orfeu negro*, em 1946 e 1947. Ao fazer uma crítica em regra do século 19 – Baudelaire, Mallarmé, Flaubert e toda a herança de seu avô Schweitzer, de Lanson – com um enraizamento na tradição francesa do século 18 e seus modelos de intelectual cosmopolita à Voltaire e à Diderot, Sartre mistura as referências históricas e escapa a toda categorização.

Seus questionamentos sistemáticos fazem dele um personagem inclassificável nas categorias francesas tradicionais, ainda mais que ele mantém uma posição muito marginal numa sociedade em que as instituições, sólidas e perenes, bem como a legitimidade institucional, permanecem prioritárias. Assim desagradam muito seus textos violentos em relação à família e a seu avô Schweitzer. Causam espanto e constrangimento seu interesse pelos seres em transição, pelos grupos em devir, ou então sua recusa de todas as homenagens, de quase todos os dogmas, ou ainda seu horror do estático, suas reviravoltas, suas traições, suas contradições, seus caprichos. E, mesmo se ele retoma uma tradição de insubordinação bem conhecida dos franceses, mesmo se está presente em todos os pontos-chave do século 20 e se transforma numa personalidade mitológica, seus desvios são ainda menos perdoados. Sartre embaralha todas as categorias de compreensão tradicionais. Está na ciência mas fora da instituição, isto é, acima do Collège de France. Possui a maior legitimidade, mas vai além de todos os limites. Como o perdoariam? Sartre, ou o objeto de todas as desconfianças. Seu desafio a Lanson, a de Gaulle, aos Estados Unidos, seu confronto aos tabus mais enterrados da história de seu país fazem dele um cidadão frente ao Estado e aos tabus, um cidadão dos postos avançados, sempre explorando, sempre transgredindo.

No entanto, penso que, como Nicolas Grimaldi mostrou em relação a Sócrates,[2] Sartre é primeiramente um modelo, uma prática, antes de ser uma doutrina ou uma obra. Ele é Voltaire, Hugo, Zola e Sócrates ao mesmo tempo, por sua humildade e seu despojamento. Com o campo intelectual em migalhas e o apagamento progressivo do intelectual em sua função de crítica social e política, em seu poder mágico, Sartre aparece agora como o último de uma época.

Ele soube articular saberes parcelares a um saber global. Soube igualmente criar as condições para

---

2. N. Grimaldi, *Socrate, le sorcier*, PUF, 2004.

que cada excluído social pudesse pensar a relação de poder de maneira subversiva. Tentou, enfim – e talvez tenha sido esse o sentido profundo de todo o empreendimento sartriano –, dar ao Outro os meios de legitimar seu próprio projeto, sem reivindicar para si, em nome de seu saber, um poder, uma superioridade, uma hierarquia. Portanto, sua verdade não deveria ser buscada num único Sartre, num texto de Sartre, mas na longa série de suas buscas, semelhantes às de Mallarmé, isto é, exigentes, mas igualmente inacabadas, abertas a seus leitores. Escandaloso, inclassificável e imperdoável Sartre, tão incômodo para alguns em seu trabalho de sapa permanente, tão salutar para outros e, mais do que nunca, uma bússola ética.

REFERÊNCIAS BIOGRÁFICAS

1905, 21 de junho: nascimento de Jean-Paul Sartre em Paris. Filho de Jean-Baptiste Sartre, politécnico, oficial da Marinha, e de Anne-Marie Schweitzer, filha de Charles Schweitzer, professor de alemão.

1906, 21 de setembro: morte de Jean-Baptiste Sartre em Thiviers (Dordonha).

1915: ingresso no liceu Henrique IV.

1916: conhece Paul Nizan.

1917: novo casamento de sua mãe com Joseph Mancy; estudos no liceu de rapazes de La Rochelle.

1920: retorno ao liceu Henrique IV, como interno.

1922-1924: preparação ao concurso de ingresso à Escola Normal Superior no liceu Louis-le-Grand.

1924: ingressa na Escola Normal Superior. Condiscípulo de Paul Nizan e de Raymond Aron.

1924-1928: Anos de estudo na ENS. Escreve *Une défaite* [*Uma derrota*], *Er, l'Arménien* [*Er, o armênio*].

1928: reprovado na prova de conclusão de filosofia.

1929: conhece Simone de Beauvoir (o "Castor"). Primeiro classificado na prova de conclusão de filosofia. Simone de Beauvoir tira o segundo lugar.

1929-1931: serviço militar como soldado meteorologista.

1931: professor de filosofia no liceu Francisco I, no Havre.

1933-1934: pensionista no Instituto Francês em Berlim. Descoberta da fenomenologia e de Husserl.

1938: publicação de *A náusea*.

1939: publicação de *O muro* e *Esboço de uma teoria das emoções*.

1940: prisioneiro na Alemanha. Publicação de *O imaginário*.

1941: libertado de seu campo de prisioneiros. Fundação de "Socialismo e Liberdade".

1943: estréia de *As moscas*, publicação de *O Ser e o Nada*. Conhece Albert Camus.

1944: estréia de *Entre quatro paredes*. Reportagens sobre a libertação de Paris para o jornal *Combat*.

1945: publicação de *A idade da razão* e *Sursis* (*Os caminhos da liberdade*, tomos I e II). Primeira viagem aos Estados Unidos, como jornalista.

Outubro: primeiro número da revista *Les Temps modernes*.

1946: primeira desavença com Camus. Publicação de *O existencialismo é um humanismo*, *Mortos sem sepultura* e *Reflexões sobre a questão judaica*.

1948: adere à RDR; publicação de *As mãos sujas*.

1949: *Com a morte na alma* (*Os caminhos da liberdade*, tomo III).

1951: *O Diabo e o bom Deus*.

1952: atividade política intensa. Companheiro de estrada do PCF. Publicação de *Saint Genet, ator e mártir*.

1953: estréia de *Kean*. Publicação de *O caso Henri Martin*.

1955: estréia de *Nekrassov*. Viagem à China com Simone de Beauvoir.

1956: condenação da intervenção soviética na Hungria.

1957: protesto contra a tortura na Argélia.

1959: estréia de *Os seqüestrados de Altona*.

1960: viagens a Cuba, Iugoslávia e Brasil. Encontros com Fidel Castro, Che Guevara, Tito. Assina o "Manifesto dos 121". Depõe no processo da "rede Jeanson".

1961: prefácio a *Os condenados da terra*, de Franz Fanon.

1963: publicação de *As palavras*.

1964: recusa do prêmio Nobel de literatura.

1966: membro do "Tribunal Russell" que condena os crimes de guerra norte-americanos no Vietnã.

1967: viagens ao Egito e a Israel. Prefácio ao número especial de *Les Temps modernes* sobre o conflito árabe-israelense.

1968: apoio ao movimento estudantil. Início da redação de uma obra sobre *Flaubert*. Condenação da intervenção das tropas do Pacto de Varsóvia na Tchecoslováquia.

1970: assume a direção de *La Cause du peuple*. Discursa aos operários das fábricas Renault, em Billancourt.

1971: fundação da agência de imprensa *Libération*. Publicação dos dois primeiros tomos de *O idiota da família*.

1973: primeiro número do jornal *Libération*.

1974: publicação de *On a raison de se révolter* [*Temos razão de nos revoltar*] (com P. Gavi e P. Victor). Visita a Andreas Baader, detido em Stuttgart.

1975: abandono do projeto de programas históricos no canal de TV *Antenne 2*, em razão de divergências com a direção.

1976: lançamento do filme *Sartre par lui-même* (Alexandre Astruc e Michel Contat).

1979: apoio, com Raymond Aron, ao comitê "Um Barco para o Vietnã", num encontro no Palácio de l'Élysée.

1980, 15 de abril: morte de Sartre no hospital Broussais. Cinqüenta mil pessoas acompanham seu enterro.

BIBLIOGRAFIA

OBRAS DE SARTRE

L'Imagination. Paris: PUF, 1936.
La transcendance de l'ego. Paris: Vrin, 1937.
La Nausée. Paris: Gallimard, 1938.
Le Mur. Paris: Gallimard, 1939.
Esquisse d'une théorie des émotions. Paris: Hermann, 1939.
L'Imaginaire. Psychologie phénoménologique de l'imagination. Paris: Gallimard, 1940.
L'Être et le Néant. Essai d'ontologie phénoménologique. Paris: Gallimard, 1943.
Les Mouches. Paris: Gallimard, 1943.
Huis clos. Paris: Gallimard, 1944.
L'Âge de raison (Les Chemins de la liberté, I). Paris: Gallimard, 1945.
Le Sursis (Les Chemins de la liberté, II). Paris: Gallimard, 1945.
L'Existentialisme est un humanisme. Paris: Nagel, 1946.
Morts sans sépulture. Paris: Gallimard, 1946.
La Putain respectueuse. Paris: Gallimard, 1946.
Réflexion sur la question juive. Paris: Gallimard, 1946.
Baudelaire. Paris: Gallimard, 1947.
Situations I. Paris: Gallimard, 1947.
Les Jeux sons faits. Paris: Nagel, 1947.
Les Mains sales. Paris: Gallimard, 1948.
L'Engrenage. Paris: Nagel, 1948.
Situations II. Paris: Gallimard, 1948.
La Mort dans l'âme (Les Chemins de la liberté, III). Paris: Gallimard, 1949.
Situations III. Paris: Gallimard, 1949.
Entretiens sur la politique. Com a colaboração de Gérard Rosenthal e de David Rousset. Paris: Gallimard, 1949.

Le Diable et le Bon Dieu. Paris: Gallimard, 1951.
Saint Genet, comédien et martyr. Paris: Gallimard, 1952.
L'Affaire Henri Martin. Paris: Gallimard, 1953.
Kean. Paris: Gallimard, 1954.
Nekrassov. Paris: Gallimard, 1955.
Les Séquestrés d'Altona. Paris: Gallimard, 1959.
Critique de la raison dialectique precedido de *Questions de méthode*. Paris: Gallimard, 1960.
Les Mots. Paris: Gallimard, 1963.
Qu'est-ce que la littérature?. Paris: Gallimard, 1964 (publicado pela primeira vez em *Situations II*).
Situations IV. Paris: Gallimard, 1964.
Situations V. Paris: Gallimard, 1964.
Situations VI. Paris: Gallimard, 1964.
Les Troyennes. Paris: Gallimard, 1965.
Situations VII. Paris: Gallimard, 1965.
L'Idiot de la famille, I. Paris: Gallimard, 1971.
Plaidoyer pour les intellectuels. Paris: Gallimard, 1972.
Situations VIII. Paris: Gallimard, 1972.
Situations IX. Paris: Gallimard, 1972.
L'Idiot de la famille, II. Paris: Gallimard, 1972.
Un théâtre de situations. Paris: Gallimard, 1973.
On a reaison de se révolter. Com Philippe Gavi e Pierre Victor. Paris: Gallimard, 1974.
Situations X. Paris: Gallimard, 1976.

Publicações póstumas

Oeuvres romanesques. Edição estabelecida por Michel Contat, Michel Rybalka, com a colaboração de Geneviève Idt e George H. Bauer. Paris: Gallimard, "Bibliothèque de la Pléiade", 1981.
Carnets de la drôle de guerre (septembre 1939 – mars 1940). Paris: Gallimard, 1983.

Cahiers pour une morale. Paris: Gallimard, 1983.
Le scénario de Freud. Prefácio de J.-B. Pontalis. Paris: Gallimard, 1984.
Critique de la raison dialectique. t. II. Paris: Gallimard, 1985.
Mallarmé, la lucidité et sa face d'ombre. Paris: Gallimard, 1986.
Vérité et existence. Edição de Arlette Elkaïm-Sartre. Paris: Gallimard, 1989.
Écrits de jeunesse. Edição de Michel Contat e Michel Rybalka com a colaboração de Michel Sicard. Paris: Gallimard, 1990.
La Reine Albemarle ou le dernier touriste. Fragments. Edição de Arlette Elkaïm-Sartre. Paris: Gallimard, 1991.
Théâtre complet. Sob a direção de Michel Contat. Paris: Gallimard, "Bibliothèque de la Pléiade", 2005.

PESQUISAS SARTRIANAS

Durante o verão de 1979, após o colóquio "Sartre" em Cerisy-la-Salle, nasceu, sob o impulso de Geneviève Idt, Michel Contat e Michel Rybalka, o Grupo de Estudos Sartrianos. Desde então, a cada ano, por volta do aniversário de Sartre, dia 21 de junho, o grupo reúne-se na Sorbonne para duas jornadas de trabalhos. Vários universitários estrangeiros participam dos debates, e um boletim, *L'Année sartrienne*, igualmente publicado nessa ocasião, recenseia todas as ocorrências sartrianas na França e no mundo. Diversas sociedades sartrianas (Estados Unidos, Grã-Bretanha, Brasil, Itália, Japão, Alemanha, etc.) permitem aos especialistas em Sartre desenvolver suas pesquisas e intercambiar seus trabalhos de forma regular. Há muitos sites na Internet dedicados a Sartre. O mais importante, www.jpsartre.org, recenseia todas as publicações e todos os acontecimentos sartrianos pelo mundo.

BIBLIOGRAFIAS

CONTAT, Michel; RYBALKA, Michel. *Les Écrits de Sartre*. Paris: Gallimard, 1970; Bibliographie, Sartre, Paris: CNRS Éditions, 1980-1992, e Philosophy Documentation Center, Bowling Green State University, 1993 (completada depois por *L'Année sartrienne*).

LAPOINTE, François H. *Jean-Paul Sartre and his Critics. An International Bibliography, 1938-1975*. Philosophy Documentation Center, Bowling Green State University, 1975.

WILCOCKS, Robert. *Jean-Paul Sartre. A Bibliography of International Criticism*. University of Alberta Press, 1975.

BIOGRAFIAS E ESTUDOS

COHEN-SOLAL, Annie. *Sartre, 1905-1980*. Gallimard, 1985; "Folio", 1999; *Sartre*. Gallimard, "Album Pléiade"; *Sartre, un penseur pour le XXIe siècle*. Paris: Gallimard, "Découvertes", 2005.

CONTAT, Michel. *Passion Sartre: l'invention de la liberté*. Paris: Textuel, 2005.

COOREBYTER, Vincent de. *Sartre face à la phénoménologie*. Bruxelles: Ousia, 2000.

GEORGE, François. *Deux études sur Sartre*. Paris: C. Bourgeois, 1976.

JEANSON, Francis. *Un quidam nommé Sartre*. Le Seuil, 1966; *Sartre par lui-même*. Paris: Le Seuil, 1955.

LÉVY, Benny. *Le Nom de l'homme. Dialogue avec Sartre*. Paris: Verdier, 1984.

LÉVY, Bernard-Henri. *Le siècle de Sartre*. Paris: Grasset, 2000; Paris: LGF, 2002.

LOUETTE, Jean-François. *Jean-Paul Sartre*. Paris: Hachette, 1993.

PEYRE, Henri. *Jean-Paul Sartre*. New York: Columbia University Press, 1968.

PHILIPPE, Gilles; NOUDELMANN, François. *Dictionnaire Sartre*. Paris: Honoré Champion, 2004.

RENAUT, Alain. *Sartre, le dernier philosophe*. Paris: Grasset, 1993.

Sartre. Sob a direção de Mauricette Berne, catálogo da exposição "Sartre" apresentada na Biblioteca Nacional da França (8 de março – 31 de agosto de 2005). Paris: Gallimard, 2005.

SENDYK-SIEGEL, Liliane. *Sartre. Images d'une vie*. Paris: Gallimard, 1978.

SICARD, Michel. *Sartre et les arts*. Paris: Obliques, 1981.

SIMOND, Juliette. *Jean-Paul Sartre: un demi-siècle de liberté*. Bruxelles: De Boeck Université, 1998.

VERSTRATEN, Pierre. *Violence et éthique*. Paris: Gallimard, 1972.

Coleção **L&PM** POCKET (LANÇAMENTOS MAIS RECENTES)

53. O exército de um homem só – Moacyr Scliar
54. Frankenstein – Mary Shelley
55. Dom Segundo Sombra – Ricardo Güiraldes
56. De vagões e vagabundos – Jack London
57. O homem bicentenário – Isaac Asimov
58. A viuvinha – José de Alencar
59. Livro das cortesãs – org. de Sergio Faraco
60. Últimos poemas – Pablo Neruda
61. A moreninha – Joaquim Manuel de Macedo
62. Cinco minutos – José de Alencar
63. Saber envelhecer e a amizade – Cícero
64. Enquanto a noite não chega – J. Guimarães
65. Tufão – Joseph Conrad
66. Aurélia – Gérard de Nerval
67. I-Juca-Pirama – Gonçalves Dias
68. Fábulas – Esopo
69. Teresa Filósofa – Anônimo do Séc. XVIII
70. Avent. inéditas de Sherlock Holmes – A. C. Doyle
71. Quintana de bolso – Mario Quintana
72. Antes e depois – Paul Gauguin
73. A morte de Olivier Bécaille – Émile Zola
74. Iracema – José de Alencar
75. Iaiá Garcia – Machado de Assis
76. Utopia – Tomás Morus
77. Sonetos para amar o amor – Camões
78. Carmem – Prosper Mérimée
79. Senhora – José de Alencar
80. Hagar, o horrível 1 – Dik Browne
81. O coração das trevas – Joseph Conrad
82. Um estudo em vermelho – Arthur Conan Doyle
83. Todos os sonetos – Augusto dos Anjos
84. A propriedade é um roubo – P.-J. Proudhon
85. Drácula – Bram Stoker
86. O marido complacente – Sade
87. De profundis – Oscar Wilde
88. Sem plumas – Woody Allen
89. Os bruzundangas – Lima Barreto
90. O cão dos Baskervilles – Arthur Conan Doyle
91. Paraísos artificiais – Charles Baudelaire
92. Cândido, ou o otimismo – Voltaire
93. Triste fim de Policarpo Quaresma – Lima Barreto
94. Amor de perdição – Camilo Castelo Branco
95. A megera domada – Shakespeare / trad. Millôr
96. O mulato – Aluísio Azevedo
97. O alienista – Machado de Assis
98. O livro dos sonhos – Jack Kerouac
99. Noite na taverna – Álvares de Azevedo
100. Aura – Carlos Fuentes
101. Contos gauchescos e Lendas do sul – Simões Lopes Neto
102. O cortiço – Aluísio Azevedo
103. Marília de Dirceu – T. A. Gonzaga
104. O Primo Basílio – Eça de Queiroz
105. O ateneu – Raul Pompéia
106. Um escândalo na Boêmia – Arthur Conan Doyle
107. Contos – Machado de Assis
108. 200 Sonetos – Luis Vaz de Camões
109. O príncipe – Maquiavel
110. A escrava Isaura – Bernardo Guimarães
111. O solteirão nobre – Conan Doyle
112. Shakespeare de A a Z – Shakespeare
113. A relíquia – Eça de Queiroz
114. Livro do corpo – Vários
115. Lira dos 20 anos – Álvares de Azevedo
116. Esaú e Jacó – Machado de Assis
117. A barcarola – Pablo Neruda
118. Os conquistadores – Júlio Verne
119. Contos breves – G. Apollinaire
120. Taipi – Herman Melville
121. Livro dos desaforos – org. de Sergio Faraco
122. A mão e a luva – Machado de Assis
123. Doutor Miragem – Moacyr Scliar
124. O penitente – Isaac B. Singer
125. Diários da descoberta da América – C.Colombo
126. Édipo Rei – Sófocles
127. Romeu e Julieta – Shakespeare
128. Hollywood – Charles Bukowski
129. Billy the Kid – Pat Garrett
130. Cuca fundida – Woody Allen
131. O jogador – Dostoiévski
132. O livro da selva – Rudyard Kipling
133. O vale do terror – Arthur Conan Doyle
134. Dançar tango em Porto Alegre – S. Faraco
135. O gaúcho – Carlos Reverbel
136. A volta ao mundo em oitenta dias – J. Verne
137. O livro dos esnobes – W. M. Thackeray
138. Amor & morte em Poodle Springs – Raymond Chandler & R. Parker
139. As aventuras de David Balfour – Stevenson
140. Alice no país das maravilhas – Lewis Carroll
141. A ressurreição – Machado de Assis
142. Inimigos, uma história de amor – I. Singer
143. O Guarani – José de Alencar
144. A cidade e as serras – Eça de Queiroz
145. Eu e outras poesias – Augusto dos Anjos
146. A mulher de trinta anos – Balzac
147. Pomba enamorada – Lygia F. Telles
148. Contos fluminenses – Machado de Assis
149. Antes de Adão – Jack London
150. Intervalo amoroso – A.Romano de Sant'Anna
151. Memorial de Aires – Machado de Assis
152. Naufrágios e comentários – Cabeza de Vaca
153. Ubirajara – José de Alencar
154. Textos anarquistas – Bakunin
155. O pirotécnico Zacarias – Murilo Rubião
156. Amor de salvação – Camilo Castelo Branco
157. O gaúcho – José de Alencar
158. O livro das maravilhas – Marco Polo
159. Inocência – Visconde de Taunay
160. Helena – Machado de Assis
161. Uma estação de amor – Horácio Quiroga
162. Poesia reunida – Martha Medeiros
163. Memórias de Sherlock Holmes – Conan Doyle
164. A vida de Mozart – Stendhal
165. O primeiro terço – Neal Cassady
166. O mandarim – Eça de Queiroz

170. Um espinho de marfim – Marina Colasanti
171. A ilustre Casa de Ramires – Eça de Queiroz
172. Lucíola – José de Alencar
173. Antígona – Sófocles – trad. Donaldo Schüler
174. Otelo – William Shakespeare
175. Antologia – Gregório de Matos
176. A liberdade de imprensa – Karl Marx
177. Casa de pensão – Aluísio Azevedo
178. **São Manuel Bueno, Mártir** – Unamuno
179. Primaveras – Casimiro de Abreu
180. O noviço – Martins Pena
181. O sertanejo – José de Alencar
182. Eurico, o presbítero – Alexandre Herculano
183. O signo dos quatro – Conan Doyle
184. Sete anos no Tibet – Heinrich Harrer
185. Vagamundo – Eduardo Galeano
186. De repente acidentes – Carl Solomon
187. As minas de Salomão – Rider Haggar
188. Uivo – Allen Ginsberg
189. A ciclista solitária – Conan Doyle
190. Os seis bustos de Napoleão – Conan Doyle
191. Cortejo do divino – Nelida Piñon
192. Cassino Royale – Ian Fleming
193. Viva e deixe morrer – Ian Fleming
194. Os crimes do amor – Marquês de Sade
195. Besame Mucho – Mário Prata
196. Tuareg – Alberto Vázquez-Figueroa
197. O longo adeus – Raymond Chandler
198. Os diamantes são eternos – Ian Fleming
199. Notas de um velho safado – C. Bukowski
200. 111 ais – Dalton Trevisan
201. O nariz – Nicolai Gogol
202. O capote – Nicolai Gogol
203. Macbeth – William Shakespeare
204. Heráclito – Donaldo Schüler
205. Você deve desistir, Osvaldo – Cyro Martins
206. Memórias de Garibaldi – A. Dumas
207. A arte da guerra – Sun Tzu
208. Fragmentos – Caio Fernando Abreu
209. Festa no castelo – Moacyr Scliar
210. O grande deflorador – Dalton Trevisan
211. Corto Maltese na Etiópia – Hugo Pratt
212. Homem do princípio ao fim – Millôr Fernandes
213. Aline e seus dois namorados – A. Iturrusgarai
214. A juba do leão – Sir Arthur Conan Doyle
215. Assassino metido a esperto – R. Chandler
216. Confissões de um comedor de ópio – T De Quincey
217. Os sofrimentos do jovem Werther – Goethe
218. Fedra – Racine / Trad. Millôr Fernandes
219. O vampiro de Sussex – Conan Doyle
220. Sonho de uma noite de verão – Shakespeare
221. Dias e noites de amor e de guerra – Galeano
222. O Profeta – Khalil Gibran
223. Flávia, cabeça, tronco e membros – M. Fernandes
224. Guia da ópera – Jeanne Suhamy
225. Macário – Álvares de Azevedo
226. Etiqueta na prática – Celia Ribeiro
227. Manifesto do partido comunista – Marx & Engels
228. Poemas – Millôr Fernandes
229. Um inimigo do povo – Henrik Ibsen
230. O paraíso destruido – Frei B. de las Casas
231. O gato no escuro – Josué Guimarães
232. O mágico de Oz – L. Frank Baum
233. Armas no Cyrano's – Raymond Chandler
234. **Max e os felinos** – Moacyr Scliar
235. Nos céus de Paris – Alcy Cheuiche
236. Os bandoleiros – Schiller
237. A primeira coisa que eu botei na boca – Deonísio da Silva
238. As aventuras de Simbad, o marújo
239. O retrato de Dorian Gray – Oscar Wilde
240. A carteira de meu tio – J. Manuel de Macedo
241. A luneta mágica – J. Manuel de Macedo
242. A metamorfose – Kafka
243. A flecha de ouro – Joseph Conrad
244. A ilha do tesouro – R. L. Stevenson
245. Marx - Vida & Obra – José A. Giannotti
246. Gênesis
247. Unidos para sempre – Ruth Rendell
248. A arte de amar – Ovídio
249. O sono eterno – Raymond Chandler
250. Novas receitas do Anonymus Gourmet – J.A.P.M.
251. A nova catacumba – Arthur Conan Doyle
252. O dr. Negro – Arthur Conan Doyle
253. Os voluntários – Moacyr Scliar
254. A bela adormecida – Irmãos Grimm
255. O príncipe sapo – Irmãos Grimm
256. Confissões e Memórias – H. Heine
257. Viva o Alegrete – Sergio Faraco
258. Vou estar esperando – R. Chandler
259. A senhora Beate e seu filho – Schnitzler
260. O ovo apunhalado – Caio Fernando Abreu
261. O ciclo das águas – Moacyr Scliar
262. Millôr Definitivo – Millôr Fernandes
263.
264. Viagem ao centro da Terra – Júlio Verne
265. A dama do lago – Raymond Chandler
266. Caninos brancos – Jack London
267. O médico e o monstro – R. L. Stevenson
268. A tempestade – William Shakespeare
269. Assassinatos na rua Morgue – E. Allan Poe
270. 99 corruíras nanicas – Dalton Trevisan
271. Broquéis – Cruz e Sousa
272. **Mês de cães danados** – Moacyr Scliar
273. Anarquistas – vol. 1 – A idéia – G Woodcock
274. Anarquistas – vol. 2 – O movimento – G Woodcock
275. Pai e filho, filho e pai – Moacyr Scliar
276. As aventuras de Tom Sawyer – Mark Twain
277. Muito barulho por nada – W. Shakespeare
278. Elogio à loucura – Erasmo
279. **Autobiografia de Alice B. Toklas** – G. Stein
280. O chamado da floresta – J. London
281. Uma agulha para o diabo – Ruth Rendell
282. Verdes vales do fim do mundo – A. Bivar
283. Ovelhas negras – Caio Fernando Abreu
284. O fantasma de Canterville – O. Wilde
285. Receitas de Yayá Ribeiro – Celia Ribeiro
286. A galinha degolada – H. Quiroga
287. O último adeus de Sherlock Holmes – A. Conan Doyle
288. **A. Gourmet *em* Histórias de cama & mesa** – J. A. Pinheiro Machado
289. Topless – Martha Medeiros

290. **Mais receitas do Anonymus Gourmet** – J. A. Pinheiro Machado
291. **Origens do discurso democrático** – D. Schüler
292. **Humor politicamente incorreto** – Nani
293. **O teatro do bem e do mal** – E. Galeano
294. **Garibaldi & Manoela** – J. Guimarães
295. **10 dias que abalaram o mundo** – John Reed
296. **Numa fria** – Charles Bukowski
297. **Poesia de Florbela Espanca** vol. 1
298. **Poesia de Florbela Espanca** vol. 2
299. **Escreva certo** – É. Oliveira e M. E. Bernd
300. **O vermelho e o negro** – Stendhal
301. **Ecce homo** – Friedrich Nietzsche
302. (7). **Comer bem, sem culpa** – Dr. Fernando Lucchese, A. Gourmet e Iotti
303. **O livro de Cesário Verde** – Cesário Verde
304. **O reino das cebolas** – C. Moscovich
305. **100 receitas de macarrão** – S. Lancellotti
306. **160 receitas de molhos** – S. Lancellotti
307. **100 receitas light** – H. e Â. Tonetto
308. **100 receitas de sobremesas** – Celia Ribeiro
309. **Mais de 100 dicas de churrasco** – Leon Diziekaniak
310. **100 receitas de acompanhamentos** – C. Cabeda
311. **Honra ou vendetta** – S. Lancellotti
312. **A alma do homem sob o socialismo** – Oscar Wilde
313. **Tudo sobre Yôga** – Mestre De Rose
314. **Os varões assinalados** – Tabajara Ruas
315. **Édipo em Colono** – Sófocles
316. **Lisistrata** – Aristófanes / trad. Millôr
317. **Sonhos de Bunker Hill** – John Fante
318. **Os deuses de Raquel** – Moacyr Scliar
319. **O colosso de Marússia** – Henry Miller
320. **As eruditas** – Molière / trad. Millôr
321. **Radicci 1** – Iotti
322. **Os Sete contra Tebas** – Ésquilo
323. **Brasil Terra à vista** – Eduardo Bueno
324. **Radicci 2** – Iotti
325. **Júlio César** – William Shakespeare
326. **A carta de Pero Vaz de Caminha**
327. **Cozinha Clássica** – Silvio Lancellotti
328. **Madame Bovary** – Gustave Flaubert
329. **Dicionário do viajante insólito** – M. Scliar
330. **O capitão saiu para o almoço...** – Bukowski
331. **A carta roubada** – Edgar Allan Poe
332. **É tarde para saber** – Josué Guimarães
333. **O livro de bolso da Astrologia** – Maggy Harrisonx e Mellina Li
334. **1933 foi um ano ruim** – John Fante
335. **100 receitas de arroz** – Aninha Comas
336. **Guia prático do Português correto – vol. 1** – Cláudio Moreno
337. **Bartleby, o escriturário** – H. Melville
338. **Enterrem meu coração na curva do rio** – Dee Brown
339. **Um conto de Natal** – Charles Dickens
340. **Cozinha sem segredos** – J. A. P. Machado
341. **A dama das Camélias** – A. Dumas Filho
342. **Alimentação saudável** – H. e Â. Tonetto
343. **Continhos galantes** – Dalton Trevisan
344. **A Divina Comédia** – Dante Alighieri
345. **A Dupla Sertanojo** – Santiago
346. **Cavalos do amanhecer** – Mario Arregui
347. **Biografia de Vincent van Gogh por sua cunhada** – Jo van Gogh-Bonger
348. **Radicci 3** – Iotti
349. **Nada de novo no front** – E. M. Remarque
350. **A hora dos assassinos** – Henry Miller
351. **Flush - Memórias de um cão** – Virginia Woolf
352. **A guerra no Bom Fim** – M. Scliar
353. (1). **O caso Saint-Fiacre** – Simenon
354. (2). **Morte na alta sociedade** – Simenon
355. (3). **O cão amarelo** – Simenon
356. (4). **Maigret e o homem do banco** – Simenon
357. **As uvas e o vento** – Pablo Neruda
358. **On the road** – Jack Kerouac
359. **O coração amarelo** – Pablo Neruda
360. **Livro das perguntas** – Pablo Neruda
361. **Noite de Reis** – William Shakespeare
362. **Manual de Ecologia** – vol.1 - J. Lutzenberger
363. **O mais longo dos dias** – Cornelius Ryan
364. **Foi bom prá você?** – Nani
365. **Crepusculário** – Pablo Neruda
366. **A comédia dos erros** – Shakespeare
367. (5). **A primeira investigação de Maigret** – Simenon
368. (6). **As férias de Maigret** – Simenon
369. **Mate-me por favor (vol.1)** – L. McNeil
370. **Mate-me por favor (vol.2)** – L. McNeil
371. **Carta ao pai** – Kafka
372. **Os vagabundos iluminados** – J. Kerouac
373. (7). **O enforcado** – Simenon
374. (8). **A fúria de Maigret** – Simenon
375. **Vargas, uma biografia política** – H. Silva
376. **Poesia reunida (vol.1)** – A. R. de Sant'Anna
377. **Poesia reunida (vol.2)** – A. R. de Sant'Anna
378. **Alice no país do espelho** – Lewis Carroll
379. **Residência na Terra 1** – Pablo Neruda
380. **Residência na Terra 2** – Pablo Neruda
381. **Terceira Residência** – Pablo Neruda
382. **O delírio amoroso** – Bocage
383. **Futebol ao sol e à sombra** – E. Galeano
384. (9). **O porto das brumas** – Simenon
385. (10). **Maigret e seu morto** – Simenon
386. **Radicci 4** – Iotti
387. **Boas maneiras & sucesso nos negócios** – Celia Ribeiro
388. **Uma história Farroupilha** – M. Scliar
389. **Na mesa ninguém envelhece** – J. A. P. Machado
390. **200 receitas inéditas do Anonymus Gourmet** – J. A. Pinheiro Machado
391. **Guia prático do Português correto – vol.2** – Cláudio Moreno
392. **Breviário das terras do Brasil** – Assis Brasil
393. **Cantos Cerimoniais** – Pablo Neruda
394. **Jardim de Inverno** – Pablo Neruda
395. **Antonio e Cleópatra** – William Shakespeare
396. **Tróia** – Cláudio Moreno
397. **Meu tio matou um cara** – Jorge Furtado
398. **O anatomista** – Federico Andahazi
399. **As viagens de Gulliver** – Jonathan Swift
400. **Dom Quixote** – v.1 – Miguel de Cervantes
401. **Dom Quixote** – v.2 – Miguel de Cervantes
402. **Sozinho no Pólo Norte** – Thomaz Brandolin
403. **Matadouro Cinco** – Kurt Vonnegut

404. Delta de Vênus – Anaïs Nin
405. O melhor de Hagar 2 – Dik Browne
406. É grave Doutor? – Nani
407. Orai pornô – Nani
408(11). Maigret em Nova York – Simenon
409(12). O assassino sem rosto – Simenon
410(13). O mistério das jóias roubadas – Simenon
411. A irmãzinha – Raymond Chandler
412. Três contos – Gustave Flaubert
413. De ratos e homens – John Steinbeck
414. Lazarilho de Tormes – Anônimo do séc. XVI
415. Triângulo das águas – Caio Fernando Abreu
416. 100 receitas de carnes – Silvio Lancellotti
417. Histórias de robôs: vol.1 – org. Isaac Asimov
418. Histórias de robôs: vol.2 – org. Isaac Asimov
419. Histórias de robôs: vol.3 – org. Isaac Asimov
420. O país dos centauros – Tabajara Ruas
421. A república de Anita – Tabajara Ruas
422. A carga dos lanceiros – Tabajara Ruas
423. Um amigo de Kafka – Isaac Singer
424. As alegres matronas de Windsor – Shakespeare
425. Amor e exilio – Isaac Bashevis Singer
426. Use & abuse do seu signo – Marília Fiorillo e Marylou Simonsen
427. Pigmaleão – Bernard Shaw
428. As fenícias – Eurípides
429. Everest – Thomaz Brandolin
430. A arte de furtar – Anônimo do séc. XVI
431. Billy Bud – Herman Melville
432. A rosa separada – Pablo Neruda
433. Elegia – Pablo Neruda
434. A garota de Cassidy – David Goodis
435. Como fazer a guerra: máximas de Napoleão – Balzac
436. Poemas de Emily Dickinson
437. Gracias por el fuego – Mario Benedetti
438. O sofá – Crébillon Fils
439. O "Martín Fierro" – Jorge Luis Borges
440. Trabalhos de amor perdidos – W. Shakespeare
441. O melhor de Hagar 3 – Dik Browne
442. Os Maias (volume1) – Eça de Queiroz
443. Os Maias (volume2) – Eça de Queiroz
444. Anti-Justine – Restif de La Bretonne
445. Juventude – Joseph Conrad
446. Contos – Eça de Queiroz
447. Janela para a morte – Raymond Chandler
448. Um amor de Swann – Marcel Proust
449. À paz perpétua – Immanuel Kant
450. A conquista do México – Hernan Cortez
451. Defeitos escolhidos e 2000 – Pablo Neruda
452. O casamento do céu e do inferno – William Blake
453. A primeira viagem ao redor do mundo – Antonio Pigafetta
454(14). Uma sombra na janela – Simenon
455(15). A noite da encruzilhada – Simenon
456(16). A velha senhora – Simenon
457. Sartre – Annie Cohen-Solal
458. Discurso do método – René Descartes
459. Garfield em grande forma – Jim Davis
460. Garfield está de dieta – Jim Davis
461. O livro das feras – Patricia Highsmith
462. Viajante solitário – Jack Kerouac
463. Auto da barca do inferno – Gil Vicente
464. O livro vermelho dos pensamentos de Millôr – Millôr Fernandes
465. O livro dos abraços – Eduardo Galeano
466. Voltaremos! – José Antonio Pinheiro Machado
467. Rango – Edgar Vasques
468(8). Dieta mediterrânea – Dr. Fernando Lucchese e José Antonio Pinheiro Machado
469. Radicci 5 – Iotti
470. Pequenos pássaros – Anaïs Nin
471. Guia prático do Português correto – vol.3 – Cláudio Moreno
472. Atire no pianista – David Goodis
473. Antologia Poética – García Lorca
474. Alexandre e César – Plutarco
475. Uma espiã na casa do amor – Anaïs Nin
476. A gorda do Tiki Bar – Dalton Trevisan
477. Garfield um gato de peso – Jim Davis
478. Canibais – David Coimbra
479. A arte de escrever – Arthur Schopenhauer
480. Pinóquio – Carlo Collodi
481. Misto-quente – Charles Bukowski
482. A lua na sarjeta – David Goodis
483. O melhor do Recruta Zero (1) – Mort Walker
484. Aline 2 – Adão Iturrusgarai
485. Sermões do Padre Antonio Vieira
486. Garfield numa boa – Jim Davis
487. Mensagem – Fernando Pessoa
488. Vendeta *seguido de* A paz conjugal – Balzac
489. Poemas de Alberto Caeiro – Fernando Pessoa
490. Ferragus – Honoré de Balzac
491. A duquesa de Langeais – Honoré de Balzac
492. A menina dos olhos de ouro – Honoré de Balzac
493. O lirio do vale – Honoré de Balzac
494(17). A barcaça da morte – Simenon
495(18). As testemunhas rebeldes – Simenon
496(19). Um engano de Maigret – Simenon
497(1). A noite das bruxas – Agatha Christie
498(2). Um passe de mágica – Agatha Christie
499(3). Nêmesis – Agatha Christie
500. Esboço para uma teoria das emoções – Sartre
501. Renda básica de cidadania – Eduardo Suplicy
502(1). Pílulas para viver melhor – Dr. Lucchese
503(2). Pílulas para prolongar a juventude – Dr. Lucchese
504(3). Desembarcando o Diabetes – Dr. Lucchese
505(4). Desembarcando o Sedentarismo – Dr. Fernando Lucchese e Cláudio Castro
506(5). Desembarcando a Hipertensão – Dr. Lucchese
507(6). Desembarcando o Colesterol – Dr. Fernando Lucchese e Fernanda Lucchese
508. Estudos de mulher – Balzac
509. O terceiro tira – Flann O'Brien
510. 100 receitas de aves e ovos – J. A. P. Machado
511. Garfield em toneladas de diversão – Jim Davis
512. Trem-bala – Martha Medeiros
513. Os cães ladram – Truman Capote
514. O Kama Sutra de Vatsyayana
515. O crime do Padre Amaro – Eça de Queiroz
516. Odes de Ricardo Reis – Fernando Pessoa

517. O inverno da nossa desesperança – Steinbeck
518. Piratas do Tietê 1 – Laerte
519. Rê Bordosa: do começo ao fim – Angeli
520. O Harlem é escuro – Chester Himes
521. Café-da-manhã dos campeões – Kurt Vonnegut
522. Eugénie Grandet – Balzac
523. O último magnata – F. Scott Fitzgerald
524. Carol – Patricia Highsmith
525. 100 receitas de patisseria – Silvio Lancellotti
526. O fator humano – Graham Greene
527. Tristessa – Jack Kerouac
528. O diamante do tamanho do Ritz – S. Fitzgerald
529. As melhores histórias de Sherlock Holmes – Arthur Conan Doyle
530. Cartas a um jovem poeta – Rilke
531.(20). Memórias de Maigret – Simenon
532.(4). O misterioso sr. Quin – Agatha Christie
533. Os analectos – Confúcio
534.(21). Maigret e os homens de bem – Simenon
535.(22). O medo de Maigret – Simenon
536. Ascensão e queda de César Birotteau – Balzac
537. Sexta-feira negra – David Goodis
538. Ora bolas – O humor cotidiano de Mario Quintana – Juarez Fonseca
539. Longe daqui aqui mesmo – Antonio Bivar
540.(5). É fácil matar – Agatha Christie
541. O pai Goriot – Balzac
542. Brasil, um país do futuro – Stefan Zweig
543. O processo – Kafka
544. O melhor de Hagar 4 – Dik Browne
545.(6). Por que não pediram a Evans? – Agatha Christie
546. Fanny Hill – John Cleland
547. O gato por dentro – William S. Burroughs
548. Sobre a brevidade da vida – Sêneca
549. Geraldão 1 – Glauco
550. Piratas do Tietê 2 – Laerte
551. Pagando o pato – Ciça
552. Garfield de bom humor – Jim Davis
553. Conhece o Mário? – Santiago
554. Radicci 6 – Iotti
555. Os subterrâneos – Jack Kerouac
556.(1). Balzac – François Taillandier
557.(2). Modigliani – Christian Parisot
558.(3). Kafka – Gérard-Georges Lemaire
559.(4). Júlio César – Joël Schmidt
560. Receitas da família – J. A. Pinheiro Machado
561. Boas maneiras à mesa – Celia Ribeiro
562.(9). Filhos sadios, pais felizes – R. Pagnoncelli
563.(10). Fatos & mitos – Dr. Fernando Lucchese
564. Ménage à trois – Paula Taitelbaum
565. Mulheres! – David Coimbra
566. Poemas de Álvaro de Campos – Fernando Pessoa
567. Medo e outras histórias – Stefan Zweig
568. Snoopy e sua turma (1) – Schulz
569. Piadas para sempre (1) – Visconde da Casa Verde
570. O alvo móvel – Ross Macdonald
571. O melhor do Recruta Zero (2) – Mort Walker
572. Um sonho americano – Norman Mailer
573. Os broncos também amam – Angeli
574. Crônica de um amor louco – Bukowski
575.(5). Freud – René Major e Chantal Talagrand
576.(6). Picasso – Gilles Plazy
577.(7). Gandhi – Christine Jordis
578. A tumba – H. P. Lovecraft
579. O príncipe e o mendigo – Mark Twain
580. Garfield, um charme de gato – Jim Davis
581. Ilusões perdidas – Balzac
582. Esplendores e misérias das cortesãs – Balzac
583. Walter Ego – Angeli
584. Striptiras (1) – Laerte
585. Fagundes: um puxa-saco de mão cheia – Laerte
586. Depois do último trem – Josué Guimarães
587. Ricardo III – Shakespeare
588. Dona Anja – Josué Guimarães
589. 24 horas na vida de uma mulher – Stefan Zweig
590. O terceiro homem – Graham Greene
591. Mulher no escuro – Dashiell Hammett
592. No que acredito – Bertrand Russell
593. Odisséia (1): Telemaquia – Homero
594. O cavalo cego – Josué Guimarães
595. Henrique V – Shakespeare
596. Fabulário geral do delírio cotidiano – Bukowski
597. Tiros na noite 1: A mulher do bandido – Dashiell Hammett
598. Snoopy em Feliz Dia dos Namorados (2) – Schulz
599. Mas não se matam cavalos? – Horace McCoy
600. Crime e castigo – Dostoiévski
601.(7). Mistério no Caribe – Agatha Christie
602. Odisséia (2): Regresso – Homero
603. Piadas para sempre (2) – Visconde da Casa Verde
604. À sombra o vulcão – Malcolm Lowry
605.(8). Kerouac – Yves Buin
606. E agora são cinzas – Angeli
607. As mil e uma noites – Paulo Caruso
608. Um assassino entre nós – Ruth Rendell
609. Crack-up – F. Scott Fitzgerald
610. Do amor – Stendhal
611. Cartas do Yage – William Burroughs e Allen Ginsberg
612. Striptiras 2 – Laerte
613. Henry & June – Anaïs Nin
614. A piscina mortal – Ross Macdonald
615. Geraldão 2 – Glauco
616. Tempo de delicadeza – A. R. de Sant'Anna
617. Tiros na noite 2: Medo de tiro – Dashiell Hammett
618. Snoopy em Assim é a vida, Charlie Brown! (3) – Schulz
619. 1954 – Um tiro no coração – Hélio Silva
620. Sobre a inspiração poética (Íon) e ... – Platão
621. Garfield e seus amigos – Jim Davis
622. Odisséia (3) Ítaca – Homero
623. A louca matança – Chester Himes
624. Factótum – Charles Bukowski
625. Guerra e Paz: volume 1 – Tolstói
626. Guerra e Paz: volume 2 – Tolstói
627. Guerra e Paz: volume 3 – Tolstói
628. Guerra e Paz: volume 4 – Tolstói
629.(9). Shakespeare – Claude Mourthé
630. Bem está o que bem acaba – Shakespeare
631. Do contrato social – Rousseau

IMPRESSÃO:

Pallotti
GRÁFICA EDITORA
IMAGEM DE QUALIDADE

Santa Maria - RS - Fone/Fax: (55) 3220.4500
www.pallotti.com.br